THE PURPOSE DRIVEN®
Curriculum

목적이 이끄는 양육

401과정

인도자용

Originally published in the U.S.A. by PurposeDriven Inc.
under the title C.L.A.S.S.401:Leader's Guide-Discovering My Life Mission
Copyright © by Rick Warren
All rights reserved.

Korean translation copyright © 2010 by DMI Press

본 저작물의 한국어판 저작권은 PurposeDriven과 독점 계약한 국제제자훈련원에 있습니다.
신 저작권법에 의하여 한국 내에서 보호받는 저작물이므로 무단 전재 및 복제를 금합니다.

목적이 이끄는 양육 | 401과정 인도자용 |

개정 1쇄 인쇄 2010년 10월 11일 • 개정 1쇄 발행 2010년 10월 15일
지은이 릭 워렌 • 엮은이 PD Korea
펴낸이 김명호 • 펴낸곳 도서출판 국제제자훈련원
등록번호 제22-1240호(1997년 12월 5일)
주소 (137-865) 서울시 서초구 서초1동 1443-26
e-mail dmipress@sarang.org • 홈페이지 www.discipleN.com
전화 내용문의 (02)3489-4310 / 구입문의 (02)3489-4300 • 팩스 (02)3489-4309

본서에 게재한 「성경전서 개역개정판」, 「성경전서 표준새번역」, 「성경전서 새번역」의 저작권은 재단법인
대한성서공회, 「현대인의성경」의 저작권은 생명의말씀사의 소유로 허락을 받고 사용하였습니다.

▌국제제자훈련원은 건강한 교회를 꿈꾸는 목회의 동반자로서 제자 삼는 사역을 중심으로
성경적 목회 모델을 제시함으로 세계 교회를 섬기는 전문 사역 기관입니다.

THE PURPOSE DRIVEN®

Curriculum

목적이 이끄는 양육

401과정

인도자용

국제제자훈련원

차례

- 서문 · 6
- 교재의 구성 · 10
- 교재의 진행 · 11
- 401과정의 개요 · 20

제 1 장 – 당신의 인생 사명을 발견하십시오 · 27
- I. 하나님이 당신을 창조하신 목적은 무엇입니까?
- II. 세상에 오신 예수님의 인생 사명은 무엇이었습니까?
- III. 기쁜 소식의 메시지
- IV. 왜 예수님의 인생 사명이 당신에게 소중합니까?

제 2 장 – 당신의 간증을 나누십시오 · 57
제 1 부 : "개인 간증 나누기"
- I. 왜 개인 간증이 중요합니까?
- II. 개인 간증은 어떻게 구성됩니까?
- III. 어떻게 개인 간증을 준비합니까?
- IV. 개인 간증을 기록하십시오

제 2 부 : "영적 낚시꾼 되기"
- I. 영적 낚시꾼이 되는 방법
- II. 사람들을 그리스도께로 이끄는 방법
- III. 영적 관계 개발의 방법

제 3 장 – 하나님을 위한 사명 실행자로 살아가십시오 · 125
- I. 현재 세상의 영적 상태
- II. 피스(P.E.A.C.E.)사역의 비전과 전략
- III. 피스사역을 위한 계획

- 요약 / 사명 실행을 위한 나의 지도 · 168
- 나의 인생 사명 서약 · 174
- 부록 A / 개인적인 간증하기 · 175
- 부록 B / 인생 사명서의 작성과 실행을 위한 안내 · 179

서문

새들백 교회에서는 수많은 사람들이 〈목적이 이끄는 양육〉 과정을 통해서 그들의 삶을 주님께 헌신해 왔다. 이 네 과정은 새들백 교회의 목적이 이끄는 사역 전략의 핵심 프로그램이다. 각 과정은 분명한 목적을 가지고 운영되며, 각각 다른 수준의 사람들이 그들의 영적 성장을 이루는 일에 집중한다.

새들백 교회는 수년 동안 이 과정을 진행하면서 효과적으로 인도하는 세 가지 방법을 습득했다. 각 교회마다 상황이 다르기 때문에 일반화하기는 힘들겠지만, 여러분이 섬기는 교회에서 〈목적이 이끄는 양육〉을 도입할 때 고려해 보기 바란다.

가능하다면 네 가지 과정을 동시에 운영하라. 많으면 많을수록 더 큰 힘을 발휘하게 된다. 각각 다른 주에 네 가지 과정을 따로 운영하는 것보다는 같은 날에 과정을 개설하는 것이 더욱 좋다. 그래서 새들백 교회는 한 달에 한 번 동시에 모든 과정을 개설한다. 어떤 교회는 101과정은 매달 운영하지만, 다른 과정들은 몇 달에 한 번 운영하는 것을 보았다. 그러나 동시에 네 가지 과정을 운영해 보는 것을 추천한다. 네 가지 과정을 동시에 운영하면 사람들에게는 더 많은 선택권이 생긴다. 예를 들어, 부인은 101과정을 끝냈는데 남편은 끝내지 못할 수도 있다. 그러면 부인은 201과정에 참여하면 되고 남편은 101과정으로 가면 된다. 게다가 행정적인 일과 간식비용도 줄일 수 있다.

가능한 자주 개설하도록 하라. 우리는 보통 몇 개월의 기간을 두어서 각 과정에 더 많은 사람들이 참여하도록 한다. 하지만 오히려 이 과정을 자주 하면 할수록 더 많은 사람들이 참석할 것이다. 이 양육과정을 자주 운영한다는 것은 사람들에게 더 많은 선택권을 준다는 뜻이다. 자주 열지 않으면 사람들은 더욱 참석하지 않게 된다.

　각각의 과정을 4시간 세미나로 운영하라. 많은 교회들이 주일에 이 과정을 운영하는 것으로 알고 있다. 보통 3주에서 4주 프로그램으로 운영할 것이다. 이렇게 하면 분명 여러 가지 이점이 있다. 4주 이상 관계를 지속할 수도 있고, 충분히 시간을 가지고 강의를 할 수 있다.

　그런데 이렇게 순차적으로 〈목적이 이끄는 양육〉 과정을 운영하다 보면 몇 가지 문제가 발생되기도 한다. 이 과정이 진행되는 동안 새로운 사람이 오게 되면 그 사람은 놓친 주간의 내용을 알고 싶어 할 것이다. 사실 그 내용을 알아야만 한다. 하지만 내용을 모르기 때문에 과정에 참여하기가 어려워진다. 게다가 한 번 결석을 했기 때문에 과정을 수료하지 못하고 다음 차례가 돌아올 때까지 기다려야 한다.
　하지만 하루에 모든 과정을 동시에 운영하게 되면 일단 이 과정을 시작한 사람 대부분이 끝을 맺을 수 있게 된다. 사실 단 몇 시간 만에 사람들이 성장하는 데 필요한 모든 정보를 제공할 수는 없다. 그러나 사람들이 헌신할 수 있게 도와줄 수는 있다. 어떤 형태로든지 이 과정의 모든 내용을 공부하게 되면 하나님께서 그들과 교회를 통해서 이루길 원하시는 비전을 발견하기 시작할 것이다.

　〈목적이 이끄는 양육〉은 사람들을 영적으로 성장시킬 수 있는 훌륭한 도구다. 사람들한테 정보를 주기 때문이 아니라, 그들에게 영적인 변화를 일으킬 수 있는 헌신을 이끌어 내기 때문이다. 지금까지 내가 나눈 이야기는 단지 새들백 교회의 예에 지나지 않는다. 여러분의 교회에서 어떻게 이 과정을 인도하든지 간에, 이 프로그램을 통해서 많은 사람들의 삶이 변화되고 헌신의 자리로 나아가게 될 것이다.

　　　　　　　　　　　톰 할러데이 Tom Holladay _새들백 교회 교육목사

목적이 이끄는 양육을 한국 교회에 소개합니다

영적으로 성숙한 교회는 교회를 섬기는 모든 사역자들의 소망일 것이다. 〈목적이 이끄는 양육〉은 바로 이런 소망을 이루기 위해 마련되었다. 본 교재는 릭 워렌이 집필한 새들백 교회의 C.L.A.S.S.(Christian Life And Service Seminars)라는 커리큘럼을 한국화한 것이다. 건강한 교회론을 바탕으로 성도들의 영적 수준에 따라 다음 단계로 성장하도록 돕기 위해 쉽고 체계적으로 구성되었다.

본 교재는 야구장 모형을 따라 전체가 네 과정으로 구성되었다. 교회 입문과정인 101과정은 '가족으로서의 교회'에 대해 다룬다. 201과정에서는 '성장하는 곳으로서의 교회'에 대해 다룬다. 301과정에서는 '사역의 한 팀으로서의 교회'를 이야기한다. 그리고 401과정에서는 '군대로서의 교회'를 다룬다. 한 성도가 지역 교회의 가족이 되고, 본 교재의 과정을 따라 착실하게 배우고, 서약한 대로 실천하는 삶을 산다면, 성도들은 하나님 나라의 군대로 변화될 것이다.

새들백 교회가 강조하는 것은 교회의 건강성이다. 교회가 병들지 않고 건강하면 교회는 성장하게 된다는 것이다. 교회의 건강성을 확보하는 비결은 성경에서 말하는 목적들이 균형 있게 성취되는 것이다. 릭 워렌이 말하는 '목적이 이끄는 교회'는 예배, 교제, 훈련, 사역, 그리고 전도라는 다섯 가지 목적이 균형을 이루는 교회다. 〈목적이 이끄는 양육〉은 교회에 처음 출석하는 새신자부터 일반 성도들까지 이 다섯 가지 목적이 균형을 이루는 건강한 그리스도인으로 성장할 수 있도록 도와줄 것이다.

교회마다 각각의 다른 전략과 스타일을 가지고 있다. 어떠한 교회도 모든 사람의 흥미를 끌 수는 없다. 모든 사람들을 애청자로 만드는 라디오 방송이 없는 것처럼, 모든 사람에게 매력을 끌 만한 교회는 없다. 사람들이 서로 다르기 때문이다. 사람들은 각기 다른 필요와 다른 개성을 가지고 있다.

　이 교재를 통해 각각의 성도들은 하나님의 강한 군대로 세워지는 한국 교회가 되기를 바란다. 본 교재를 토대로 보다 한국적인 상황에 맞는 자료들이 개발되고 본 교재를 다양한 형태로 활용할 수 있기를 바란다. 새들백 교회가 각 과정을 4시간의 세미나로 운영하고 있지만 이 원칙을 그대로 따를 필요는 없다. 어떤 교회는 시간을 나눠서 4주 동안의 프로그램으로 운영할 수도 있다. 각 교회의 상황을 가장 잘 아는 사람은 바로 당신이다. 각각의 지역 교회의 상황과 문화에 따라 효과적으로 변형해서 사용하기를 바란다.

　이제 101과정을 시작하는 성도가 401과정을 마무리할 때에는 하나님 나라의 군사가 될 것이다. 아무쪼록 그들의 삶의 영적 전투에서 승리했다는 소식이 곧 들려오길 소망해 본다.

　"병사로 복무하는 자는 자기 생활에 얽매이는 자가 하나도 없나니 이는 병사로 모집한 자를 기쁘게 하려 함이라"(딤후 2:4).

김명호 국제제자훈련원 대표

교재의 구성

강의안은 최대한 쉽게 가르칠 수 있도록 만들어졌다. 각 단락마다 어떻게 가르쳐야 할지 안내해 주는 상세한 강의 노트가 들어 있다. 강의 노트는 강의 현장과 같은 느낌을 경험할 수 있도록 릭 워렌과 새들백 교회 전문 강사들의 강의를 녹취해서 만든 것이다. 인도자는 이 강의 노트를 참고해서 인도하는 목회자와 교회의 스타일에 맞게 변형해서 사용해야 할 것이다.

1. 특별한 경우를 제외하고 이 교재의 모든 성경은 '개역개정'판을 사용했다.
2. 각 장이 시작될 때 그 장의 개요를 첨가해서 큰 그림을 그릴 수 있게 했다.
3. 새들백 교회 전문 강사들의 예화를 별도로 표시했다.
4. 새들백 교회에서 발간된 다른 자료를 사용할 수 있도록 '참고사항'을 첨가했다.
5. 참가자용 교재와 번갈아 가며 볼 필요가 없도록, 참가자용 교재의 내용과 중복되는 부분은 굵은 글씨체(검정)로 표기했다. 인도자용 교재 한 권만 가지고도 인도할 수 있다.
6. 참가자용 교재의 빈칸에 들어갈 답 밑에 밑줄이 있다. 답을 써넣는 형식을 사용한 데는 두 가지 이유가 있다. 첫째, 배운 것을 오랫동안 기억할 수 있도록 하기 위해서다. 연구에 따르면, 우리는 들은 것의 95퍼센트를 72시간 후에 잊어버린다고 한다. 그러나 듣고 써 본 것은 72시간 후에도 70퍼센트를 기억한다고 한다. 둘째, 나중에 참가자들이 이 과정을 다시 찾아볼 때 쉽게 기억할 수 있도록 하기 위해서 밑줄을 이용했다.
7. '인도자를 위한 팁'을 첨부했다. 인도자용 교재는 수십 개의 조언이 여기저기 배치되어 있다. 이 조언들은 사람들을 가르치는 내용에 집중시키도록 도와줄 것이다.

교재의 진행

목적이 이끄는 양육은 모두 4권 14과로 구성되어 있다(101과정-4장, 201과정-3장, 301과정-4장, 401과정-3장). 각각의 과정은 하나님이 교회를 세우는 목적(예배, 교제, 훈련, 사역, 전도)에 초점이 맞춰져 있다. 우리는 이 네 가지 과정을 통해 성도들이 매일의 삶 속에서 하나님의 목적을 이루어가도록 도울 것이고, 성도들은 점진적으로 성숙한 성도로 자라게 될 것이다. 이 과정은 하루 과정(One Day 세미나) 혹은 14~16주 과정으로 진행할 수 있다. 다음 도표와 설명을 참고하라.

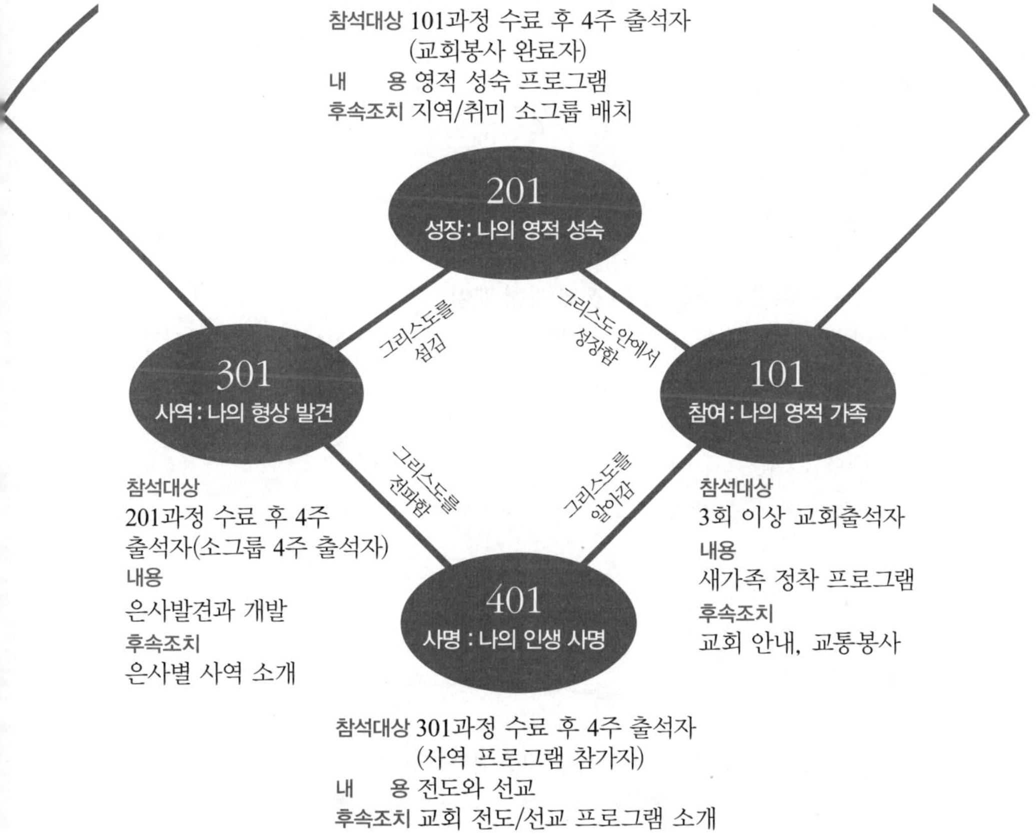

참석대상 101과정 수료 후 4주 출석자
(교회봉사 완료자)
내　용 영적 성숙 프로그램
후속조치 지역/취미 소그룹 배치

201
성장 : 나의 영적 성숙

그리스도를 섬김　　그리스도 안에서 성장함

301
사역 : 나의 형상 발견

그리스도를 전파함　　그리스도를 닮아감

101
참여 : 나의 영적 가족

401
사명 : 나의 인생 사명

참석대상
201과정 수료 후 4주 출석자(소그룹 4주 출석자)
내용
은사발견과 개발
후속조치
은사별 사역 소개

참석대상
3회 이상 교회출석자
내용
새가족 정착 프로그램
후속조치
교회 안내, 교통봉사

참석대상 301과정 수료 후 4주 출석자
(사역 프로그램 참가자)
내　용 전도와 선교
후속조치 교회 전도/선교 프로그램 소개

11

(1) One Day 세미나

새들백 교회에서 진행되는 〈목적이 이끄는 양육〉 세미나는 하루 4시간 동안 이루어지는 1일 집중과정이다. 매달 정해진 주의 같은 시간에 개설해서 진행하는 것이다. 하지만 교회에 4가지 모든 과정을 동시에 인도할 수 있는 목회자(혹은 평신도 지도자)가 없다면, 각 과정을 따로 개설하여 운영하여야 할 것이다.

옵션 1 - (토요일 오후) 하나의 강의 개설
담임목회자가 전체 강의를 진행해야 할 경우 주일 오후에 4시간을 할애하기가 쉽지 않을 것이다. 이런 경우는 토요일 오후에 강의를 개설하는 것이 좋다. 그리고 필요한 강의를 하나씩 해 나가면서 부교역자나 사모 혹은 평신도 리더 중에서 함께 강의를 해 나갈 사람을 준비해야 할 것이다.

   2:00 ~ 2:10 - 찬양
   2:10 ~ 4:00 - 강의 1
   4:00 ~ 4:10 - 휴식
   4:10 ~ 6:00 - 강의 2
   6:00 ~ 7:00 - 식사(만찬)

옵션 2 - (토요일/주일 오후) 전체 과정 개설
담임목회자와 함께 강의를 진행할 수 있는 강사와 장소가 충분하다면, 주일 오후에 전체 과정을 개설하는 것이 좋다.

   12:00 ~ 1:00 - 식사
   1:00 ~ 1:10 - 찬양
   1:10 ~ 3:00 - 강의 1
   3:00 ~ 3:10 - 휴식
   3:10 ~ 5:00 - 강의 2

새들백 교회의 예

새들백 교회는 주일 오후 3시에 시작해서 오후 7시 30분까지 프로그램을 진행한다. 선택과정으로 개설되는 프로그램은 고정적으로 반복되지는 않는다. 필요와 상황에 따라서 다른 프로그램으로 진행되기도 한다. 아래는 그동안 진행했던 과정들이다.

과정	새들백 프로그램
102과정	Victory in Christ
103과정	Developing Your Personal Relationship with God
104과정	How to Spread the Good News to Others
105과정	How to Begin to Build Disciples
202과정	Knowing Your Bible
203과정	Learning to Pray
204과정	Developing Values and Character
205과정	Discovering Your Potential For Ministry
302과정	Your Life Review
402과정	My Community
403과정	Crossing Cultures
404과정	Global - Getting Started

(2) 14~16주 과정(한국 교회 접목의 예)

교회의 상황에 맞추어 각 과정의 분량에 맞추어 3주 혹은 4주에 나누어서 인도할 수도 있다. 그러나 3~4주에 나누어서 진행하는 경우에는 참가자들의 결석하는 문제가 있고, 1일 집중 세미나보다 그 효율이 떨어지는 약점이 있다.

한국 교회 실정에서 〈목적이 이끄는 양육〉과정을 기초 양육 프로그램으로 정착시키기 위해서는 다음과 같이 필수과정 혹은 선택과정으로 나누어 사용할 수 있을 것이다. 이론적으로는 필수 양육과정인 14주 강의를 수료하고 각 과정의 4주간의 실천기간을 수료하면, 30주 안에 교회에 정착할 뿐만 아니라 교회의 철학을 이해하고 일정 부분 교회의 사역에 참여하는 성도로 성숙될 수 있다.

교회의 상황에 따라서 101~401까지 필수과정을 수료한 성도들 중에서 소그룹 리더의 자질을 가진 사람이 발견된다면, 다른 양육과정을 거치지 않고, 초급 훈련프로그램(제자훈련)으로 갈 수 있는 길을 열어 줄 수도 있을 것이다.

필수과정	내용
101과정(4주) 나의 영적 가족	100단위 선택과정을 수강하기 위해서 꼭 수료해야 할 교인등록과정
선택과정	대체 가능 프로그램
102과정	새신자반
103과정	목적이 이끄는 40일 캠페인(매년 1~2회 상설과정)
104과정	목적이 이끄는 삶 소그룹 시리즈(40주)
105과정	구약·신약의 파노라마(디모데 성경연구원)

필수과정	내용
201과정 나의 영적 성숙	200단위 선택과정을 수강하기 위해서 꼭 수료해야 할 양육과정

201과정을 개설하기 전 교회 내의 소그룹 사역이 활성화 되어 있는지 점검할 필요가 있다. 소그룹 리더 개발을 위해서는 국제제자훈련원의 〈목적이 이끄는 소그룹〉세미나, 〈균형 잡힌 소그룹 지도자〉세미나를 활용할 수 있다.

선택과정	대체 가능 프로그램
202과정	성경대학(크로스웨이, 베델 등)
203과정	교리대학(목적이 이끄는 기독교 기본교리 등)
204과정	일대일 양육(두란노)

필수과정	내용
301과정 나의 형상 발견	300단위 선택과정을 수강하기 위해서 꼭 수료해야 할 양육과정

301과정을 개설하기 전 교회 내의 사역 소그룹이 활성화되어 있는지 점검할 필요가 있다. 사역개발을 위해서는 국제제자훈련원의 『볼런티어 리더십 시리즈』를 참고할 수 있다.

선택과정	대체 가능 프로그램
302과정	네트워크 은사배치(프리셉트)
303과정	전방향 리더십(국제제자훈련원)

필수과정	내용
401과정 나의 인생 사명	400단위 선택과정을 수강하기 위해서 꼭 수료해야 할 양육과정

401과정을 개설하기 전 교회 내의 전도 프로그램이 활성화 되어 있는지 점검할 필요가 있다. 〈목적이 이끄는 양육〉은 영혼 구원에 중점을 두고 집필된 교재다.

선택과정	대체 가능 프로그램
402과정	공동체를 세우는 40일 캠페인(PD Korea)
403과정	전도폭발(국제전도폭발)
404과정	해외단기선교

인도자를 위한 팁 효과적인 사역을 위해

1. 현재 리더들을 먼저 참여시켜라. 기성 교회에서 〈목적이 이끄는 양육〉 프로그램을 접목할 때, 먼저 101과정부터 401과정까지 기존의 평신도 소그룹 리더들이 적극적으로 참여할 수 있도록 해야 한다.

2. 〈목적이 이끄는 양육〉 사역은 담임목사와 평신도 지도자가 팀을 이루어 열매를 맺는 사역이 되어야 한다. 그러기 위해서는 모든 교역자와 평신도 지도자들이 함께 참여해서 같은 철학을 공유해야 한다. 과정을 개설하는 것 자체로 열매를 맺는 것이 아니다. 담임목사와 담당 사역자는 각 과정의 내용과 철학을 충분히 습득해야 한다. 국제제자훈련원에서 출간한 13주 과정의 교회와 비전 시리즈 『목적이 이끌어 가는 교회』를 참고하라.

3. 〈목적이 이끄는 40일 캠페인〉을 먼저 실시한 다음 〈목적이 이끄는 양육〉 프로그램을 접목하는 것이 효과적이다.

목적이 이끄는 양육을 위한 준비 과정

1. 이 사역을 위한 중보기도 사역자를 모집해서 운영하라.

2. 집중세미나를 하기 위해서는 무엇보다도 홍보가 중요하다. 이메일, 교회 홈페이지, 소책자, 소그룹, 설교 시간을 통해서 〈목적이 이끄는 양육〉 과정의 목적과 유익에 대해서 널리 알려야 한다.

3. 편지를 이용해서 개별적으로 광고하라. 301과정을 수료한 교우에게 401과정에 참석할 것을 권유한다. 〈401과정 초청편지〉의 예는 부록을 참고하라.

4. 참가자의 숫자에 맞는 적당한 공간을 준비하라. 너무 커서 썰렁하지 않도록 하라.

5. 강의 시간 전에 너무 풍성한 식사는 오히려 강의를 방해한다. 샌드위치 정도의 간단한 음식을 준비하라. 식사 시간도 20분 정도로 빨리 마칠 수 있도록 하라.

6. 테이블에 공부할 모든 자료를 준비하라. 교재, 펜, 후속자료 등과 함께 물과 피로를 회복할 수 있는 간단한 간식을 준비하라. 특별히 물을 충분하게 준비해야 한다. 오래 앉아 있으려면 미네랄이 필요하다.

7. 가르치는 사람은 캐주얼한 복장이 좋다. 참석자들도 자연스러운 복장으로 참여하는 것이 좋다.

8. 가능하다면 둥근 테이블을 준비해서 참석자들이 자연스럽게 서로 대화할 수 있도록 하라.

9. 4시간 동안 참가자들의 자녀를 돌볼 수 있는 공간을 준비하고 자원봉사자를 모집하라.

목적이 이끄는 양육의 진행

1. 먼저 하나님께 찬양과 경배를 드리고 성령 충만의 은혜가 각 과정을 공부하는 동안 함께하도록 기도하라.

2. 4시간의 집중세미나 경험이 즐거운 시간이 되도록, 마치 파티에 참석하는 느낌을 갖도록 준비하라. 그렇게 되기 위해서는 4시간에 맞게 공부할 자료를 준비해야 한다. 너무 많은 양을 전하려다 보면 강의의 분위기가 가라앉을 수 있다.

3. 이 과정에 참여해서 따뜻하고 부드러운 느낌을 받을 수 있도록 밝은 분위기를 만들어라.

4. 휴식시간을 적당하게 가지라. 그러나 휴식시간을 자주 가지면 집중력이 떨어진다. 4시간 강의 중 10분 정도의 시간을 한 번만 가지는 것이 좋다.

5. 강의할 때 참가자들이 강사를 통해서 섬김을 받는다는 느낌을 받을 수 있도록 하라.

6. 각 과정을 마칠 때마다 헌신을 요구하라. 과정을 마무리하면서 은혜로운 분위기 가운데 헌신 서약을 하는 것이 중요하다. 특히 교회 리더들이 서약에 응할 수 있도록 기대하며 그들을 이끌어라.

7. 어떤 이유로 헌신하지 않는 사람들이 있더라도 결코 실망하거나 낙심하지 말라. 헌신하지 않는 사람들은 언제나 있기 마련이다.

목적이 이끄는 양육의 행정처리

1. 다음 단계에 대한 안내를 확실하게 해야 한다. 철저한 후속사역 관리가 필요하다. 언제나 다음 과정에 대한 등록카드를 준비해 두고 곧바로 작성할 수 있도록 하라(등록신청은 받지만, 다음 단계 과정은 적어도 4주가 지난 이후에 시작해야 한다).

2. 각 과정을 마친 사람에게는 72시간 안에 연락을 해야 한다. 그래서 다음 단계에 등록할 수 있도록 안내해야 한다.

3. 수료자들에 대한 정보를 정리하라. 전화번호, 이메일 주소 등을 파악해서 계속해서 정보를 교환하고, 함께 참여해서 은혜를 나누게 되어서 감사하다는 감사 메시지를 꼭 보내도록 하라. 각 개인과 가족의 정보를 얻는 기회로 삼아라.

4. 지속적으로 발전하는 양육 세미나가 되기 위해서는 설문지를 활용해서 피드백을 받는 것이 좋다.

401 과정

사명 : 나의 인생 사명
The Purpose Driven Curriculum

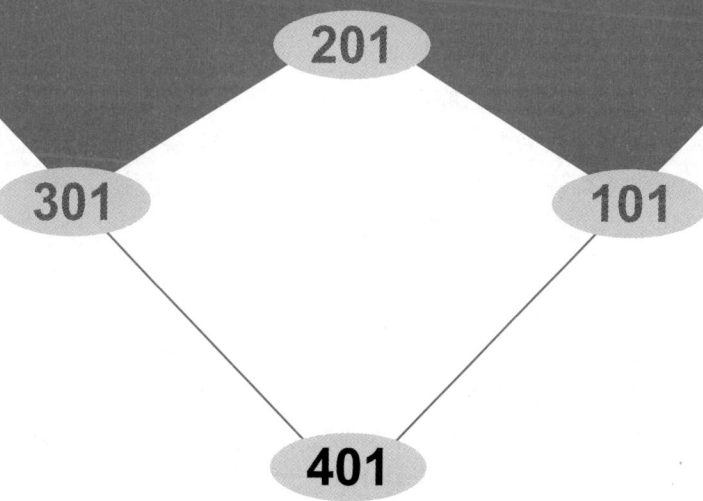

401과정의 개요

이 과정은 야구장의 다이아몬드 그림에서 홈플레이트로 상징되는 '선교와 전도'라는 교회의 사명으로 가기 위한 과정이다. 모든 교회의 사명은 불신자들을 교회로 인도하여 그들이 다시 세상으로 나아가 잃어버린 양들을 찾는 전도자를 배출해 내는 것이다. 사실 〈목적이 이끄는 양육〉은 맨 처음 단계인 초신자 때부터 복음을 전하는 사람을 만들어 낼 수 있도록 계획되었다.

1장 : 하나님이 우리를 지으신 목적 안에서 우리 인생 사명을 발견할 것이다. 그리고 예수님이 이 세상에 계실 때 그분의 목표를 보고, 나에게 예수님의 사명이 왜 중요한지 살펴볼 것이다.

2장 1부 : '개인 간증 나누기'에 대해 살펴볼 것이다. 우리 삶에는 단지 사명만 있는 것이 아니다. 메시지도 있다. 참가자들이 어떻게 그리스도인이 되었는지, 어떻게 예수님과 관계를 맺게 되었는지에 대해서 간증을 들을 것이다. 다음에는 복음에 관해 즉, 어떻게 예수님을 영접하는지를 설명할 것이다. 그리고 복음을 어떻게 효과적으로 나누어야 할지 이야기할 것이다.

2장 2부 : 영혼을 낚는 낚시꾼이 되는 구체적인 방법들을 살펴볼 것이다. 사람들이 어떤 경위를 통해 주님께 오게 되는지를 보는 것이다. 그리고 하나님을 모르는 사람들과 어떻게 친해질 수 있는지, 그들을 어떻게 천국으로 인도할 수 있는지 공부할 것이다.

3장 : '하나님을 위한 사명 실행자로 살아가기' 즉 세계를 향한 그리스도 인(a world Class Christian)이 되는 구체적인 방법을 알아볼 것이다. 하나님께서 이 지구상에 무엇을 하고 계시는지를 살펴보는 것이다. 사도행전 1:8에서 언급하고 있는 원리에 따라 우리 교회가 속한 지역을 어떻게 도울 것이며, 하나님의 일에 어떻게 참여할 수 있는지, 그리고 하나님의 사명에 참여하기 위해서는 무엇이 필요한지를 배우고 이 과정을 마칠 것이다.

주의 :
- 이 과정을 4시간 One Day 세미나로 진행할 경우 한 부분에 집중하다 보면 정해진 시간을 넘기기 쉽다. 적당한 시간조절이 중요하다. 깊이 없이 다루거나 너무 무리한 시간 사용을 자제해야 한다.
- 401과정의 제2장은 1부와 2부로 나누어져 있다. 따라서 401과정을 각 장별로 여러 주에 나누어 진행할 경우 인도자는 2장을 2주에 나누어서 진행하도록 하라.

인도자를 위한 팁 | 401과정 인도자에게

〈목적이 이끄는 양육〉은 성도들의 '영적 헌신도'를 높여 주면서 하나님의 가족을 든든히 세워가는 좋은 프로그램이다. 그러나 이 과정에 참여했다는 것 자체가 영적 헌신도를 높였다는 의미는 아니다. 성도들의 헌신도는 '건강한 재생산의 과정'에 얼마나 적극적으로 참여하는지의 여부로 측정할 수 있다. 401과정은 성도들의 재생산 창출을 실재적으로 돕는 과정이다.

401과정은 101과정부터 301과정을 성실히 수료한 성도들을 대상으로 하는 것이 중요하다. 301과정을 수료한 후 적어도 4주의 실천기간(교회 내 사역 소그룹)을 거친 성도들을 대상으로 한다.

401 과정

사명 : 나의 인생 사명
The Purpose Driven Curriculum

401과정에 참여하신 여러분을 환영합니다!

401과정은 101과정부터 시작된 우리 교회의 네 가지 필수 과정들 가운데 마지막 과정에 해당됩니다. 401과정까지 참여하게 되신 것을 축하드립니다.
- 101과정에서 여러분은 여러분의 영적인 가족인 교회의 지체로 헌신하셨습니다.
- 201과정에서 여러분은 "영적 성숙"을 위한 세 가지 습관에 헌신하셨습니다.
- 301과정에서 여러분은 여러분의 형상에 합당한 사역을 발견하고 그 사역에 헌신하셨습니다.
- 401과정에서 여러분은 세상에서 여러분 각자가 감당해야 할 "사명"을 발견하게 될 것입니다.

1. 401과정의 기초

1) 당신은 하나님의 <u>목적</u>을 이루기 위해 창조되었습니다.

"여호와께서 온갖 것을 그 쓰임에 적당하게 지으셨나니…"(잠 16:4).

영어성경을 보면 이 구절에 다음과 같이 목적(purpose)이라는 단어를 사용하고 있습니다.

"God made everything with a place and purpose; even the wicked are included–but for judgment."(MSG)

"The LORD has made everything for its own purpose, Even the wicked for the day of evil."(NASB)

하나님은 여러분이 인생의 목적을 더 잘 이해하기를 원하십니다. 여러분이 오늘 여기에 계신 것도 그분의 목적이 있기 때문입니다.

2) 하나님께서는 당신이 태어나기 전부터 당신의 인생 사명을 계획해 놓으셨습니다.

"우리는 하나님의 작품입니다. 선한 일을 하게 하시려고, 하나님께서 그리스도 예수 안에서 우리를 만드셨습니다. 하나님께서 이렇게 미리 준비하신 것은, 우리가 선한 일을 하며 살아가게 하시려는 것입니다"(엡 2:10, 새번역).

'미리 준비하신 것은'에 밑줄 치십시오. 하나님은 여러분이 이 땅에 있기 전부터 이미 여러분의 사명을 계획하셨습니다. 여러분의 사명은 '보편적인 부분'과 '독특한 부분'을 갖고 있습니다. '보편적인 부분'은 모든 그리스도인에게 적용되는 부분이며, '독특한 부분'은 하나님이 고안한 그대로 유일무이하게 여러분 한 사람에게만 적용되는 것입니다. 여러분이 크리스천이 되었다면, 여러분의 삶은 새로운 사명을 받은 것입니다. 그 사명은 특별합니다. 또한 우리는 모두 소중한 삶의 목적을 공통적으로 가지고 있습니다.

3) 당신의 인생 가운데서 가장 중요한 임무는 당신의 사명을 완수하는 것입니다.

"내가 달려갈 길과 주 예수께 받은 사명 곧 하나님의 은혜의 복음을 증언하는 일을 마치려 함에는 나의 생명조차 조금도 귀한 것으로 여기지 아니하노라"(행 20:24).

'주 예수께 받은 사명'에 밑줄 치십시오. 바울이 자신의 모든 사역을 이끌 수 있었던 원동력이 바로 그가 받은 사명입니다. 목숨과도 바꿀 수 없는 바울의 사명 말입니다. 뒤돌아보지 않고 그를 달리게 했던 것이 바로 사명이었습니다. 만일 여러분이 하나님을 믿는다면 그분은 여러분만을 위한 어떤 일을 진행하실 것입니다.

4) 당신의 삶에서 하나님의 사명을 이룰 때 하나님께 <u>영광</u>을 돌리게 됩니다.

"아버지께서 내게 하라고 주신 일을 내가 이루어 아버지를 이 세상에서 영화롭게 하였사오니"(요 17:4).

지금 우리가 볼 이 내용보다 더 중요한 것은 없다고 생각합니다. 여러분의 삶에 주어진 사명을 발견하고 개발하는 것이 이 세상을 사는 목적이기 때문입니다. 사명을 이루는 일은 하나님께 영광을 돌리는 일이기에 더욱 중요합니다. 401과정의 목표를 살펴보겠습니다.

2. 401과정의 목표

401과정은 우리 교회에서 여러분이 받아야 할 교육이 끝났다는 것을 의미하지 않습니다. 오히려 여러분이 하나님의 사랑으로 세상에 신선한 충격을 주기 시작해야 한다는 것을 의미합니다.

401과정의 주요 목표는 다음의 3가지로 요약할 수 있습니다.

1) 하나님의 사명을 이해한다(하나님의 생각).

2) 인생을 통해 경험한 하나님의 이야기를 나눈다(하나님의 마음).

3) 피스(P.E.A.C.E.) 사역을 통해 하나님의 계획을 따라 살아간다(하나님의 손과 발).

"그런즉 우리는…주를 기쁘시게 하는 자 되기를 힘쓰노라"(고후 5:9).

"…오직 하나님이 우리에게 나누어 주신 그 범위의 한계를 따라 하노니…"(고후 10:13).

제 1 장
당신의 인생 사명을 발견하십시오

"우리는 하나님의 작품입니다. 선한 일을 하게 하시려고, 하나님께서 그리스도 예수 안에서 우리를 만드셨습니다. 하나님께서 이렇게 미리 준비하신 것은, 우리가 선한 일을 하며 살아가게 하시려는 것입니다"(엡 2:10, 새번역).

그리스도인 각자가 자신이 삶에 주어진 사명을 발견하기 위해서는 먼저 두 가지를 이해해야 합니다. 첫째는 하나님이 모든 인간을 지으실 때 가지셨던 전체적인 목적을 이해해야 하고, 둘째는 예수님이 이 땅에 계셨을 때 가지셨던 그분의 목적을 알아야 합니다.

> **우리의 인생 사명을 발견하기 위해 알아야 할 두 가지**
> ① 하나님이 당신을 창조하신 목적
> ② 세상에 오신 예수님의 인생 사명

I. 하나님이 당신을 창조하신 목적은 무엇입니까?

그분은 목적 없이는 아무것도 하지 않으십니다. 하나님이 하시는 일에는 항상 이유가 있습니다. 항상 목적이 있습니다. 성경은 우리가 창조된 목적이 다음 네 가지 때문이라고 합니다.

1. 하나님과의 <u>관계</u>를 즐기게 하려고 창조하셨습니다.

> "하나님이 이르시되 우리의 형상을 따라 우리의 모양대로 우리가 사람을 만들고…"(창 1:26).

왜 사람을 그의 형상대로 만드셨습니까? 우리는 다른 피조물과 다릅니다. 인간은 하나님의 형상대로 지어졌다는 점 때문에 독특한 존재입니다. 이것은 인간이 영혼을 가지고 있다는 뜻입니다. 그래서 우리는 영이신 하나님과 '대화'할 수 있습니다. 개는 하나님께 기도할 수 없습니다. 소가 음식에 대해 감사하는 것도 결코 보지 못합니다. 우리는 하나님의 형상대로 지어졌기 때문에 그분과 교제할 수 있습니다. 그렇기 때문에 우리는 도덕적인 양심이 있으며, 어떻게 행동할 것인지 선택할 수 있는 자유가 있습니다. 하나님과 이야기할 수 있는 가장 중요한 능력이 있습니다. 신약성경도 동일한 이야기를 하고 있습니다.

> "곧 창세 전에 그리스도 안에서 우리를 택하사 우리로 사랑 안에서 그 앞에 거룩하고 흠이 없게 하시려고 그 기쁘신 뜻대로 우리를 예정하사 예수 그리스도로 말미암아 자기의 아들들이 되게 하셨으니"(엡 1:4-5).

여러분이 태어나기도 전에 하나님은 여러분을 알고 계셨고, 한 사람 한 사람을 그의 자녀로 삼기로 계획하셨습니다. 그분은 여러분과 영원히 교제하기를 원하십니다. 하나님은 여러분과 관계 맺기 위해 여러분을 지으셨습니다. 하지만 많은 사람들이 하나님과 관계 맺지 못합니다. 목적을 잊었기 때문입니다.

여러분을 향한 하나님의 계획은 지구에 대한 계획보다 더 먼저 만들어졌습니다. 하나님은 지구를 만들기 이전부터 이미 여러분을 알고 있었습니다. 이 사실을 통해 하나님이 여러분을 얼마나 소중히 여기시는지 알 수 있습니다.

> 참고 : 릭 워렌 목사는 이것을 '장기적인 계획'(long range planning)이라고 표현한다.

2. 예수 그리스도처럼 살게하려고 창조하셨습니다.

"그(예수님)의 안에 산다고 하는 자는 그가 행하시는 대로 자기도 행할지니라"(요일 2:6).

"하나님이 미리 아신 자들을 또한 그 아들의 형상을 본받게 하기 위하여 미리 정하셨으니 이는 그로 많은 형제 중에서 맏아들이 되게 하려 하심이니라"(롬 8:29).

우리는 예수님을 닮기 위해 만들어졌습니다. 이 부분은 정확한 이해가 필요합니다. 하나님이 아담과 이브를 지으신 후 사탄이 인간에게 첫 번째로 주었던 시험은 '네가 그 선악과를 먹으면 하나님과 같이 될 것이다'라는 것입니다. 정확히 말하자면 '네가 하나님이 될 것이다'라는 말입니다. 그것은 엄청난 유혹입니다. 사탄은 그분처럼 될 것이라고 생각하지 않고 여러분 스스로를 하나님이라고 생각하라고 유혹합니다. 그것은 가장 오래된 유혹입니다. 여러분은 절대 하나님이 될 수 없습니다.
그러나 성경은 여러분이 거룩하게 될 수 있다고 가르칩니다. 무슨 뜻입니까? 바로 하나님의 사랑을, 하나님을 아는 기쁨을, 하나님과 같은 인내를 가진 성품을 말하는 것입니다. 여러분은 절대 하나님이 될 수 없고 심지어 조무래기 신도 될 수 없습니다. 그러나 인격의 부분에서는 하나님과 같이 될 수 있습니다. 그리고 이것이 하나님의 목표입니다. 태초부터 그분은 우리가 그의 아들과 같이 되도록 예정하셨습니다.

> 성경이 가르치지 않는 것 : '네가 하나님이 될 것이다.'
> 성경이 가르치는 것 : '당신은 거룩하게 될 수 있다.'

고린도전서 15장에서 우리가 아담을 닮은 것 같이 주 예수 그리스도처럼 될 것이라고 성경은 말합니다. 과연 어떤 모습일까요? 예수님은 부활하셔서 세상에 다시 오실 때를 어렴풋이 보여주셨습니다. 예수님은 부활하신 후에도 육체를 가지고 있었습니다. 그러나 공상 과학영화에 나오는 사람들처럼 벽을 통과해서 걸으실 수 있었습니다. 우리는 그렇게 할 수 없습니다. 제자들은 예수님의 몸을 알아볼 수 있었지만, 그것은 단순히 육체 그 이상의 것이었습니다.

세상에서 영적 성숙이란 점점 더 예수님처럼 되는 것입니다. 하늘나라에 가기 전까지 우리는 예수님처럼 완벽하게 될 수는 없습니다. 그러나 하나님께서는 언젠가 우리가 영적으로 성숙해질 것이라고 성경을 통해서 말씀하십니다. 그리고 우리를 위해 계획하신 일을 완성하실 것입니다. 여러분이 주님의 얼굴을 마주한다면 바로 즉시 그분의 성품처럼 변할 것입니다.

3. 인생 사명을 이루게 하려고 창조하셨습니다.

> "우리는 하나님의 작품입니다. 선한 일을 하게 하시려고, 하나님께서 그리스도 예수 안에서 우리를 만드셨습니다. 하나님께서 이렇게 미리 준비하신 것은, 우리가 선한 일을 하며 살아가게 하시려는 것입니다" (엡 2:10, 새번역).

우리는 '하나님의 목적' 곧 '인생 사명'을 이루기 위해 지음 받았습니다. 그러나 어떤 교회는 하나님께서 우리를 회의에 참석시키기 위해서 창조하셨다고 믿는 것처럼 보입니다. 계속 회의만 하고 있습니다. 그러나 우리는 회의(Meeting)가 아니라 사역(Ministry)을 하기 위해서 창조되었습니다. 우리는 이것을 '인생을 이끄는 목적'이라 부릅니다. 하나님이 우리를 만드신 목적대로 사는 것입니다.

4. 영원히 살게 하려고 창조하셨습니다.

"하나님이…사람들에게는 영원을 사모하는 마음을 주셨느니라"(전 3:11).

어느 날 여러분의 몸은 소진되고, 심장은 멈출 것입니다. 그러나 그것이 끝이 아닙니다. 여러분은 계속 살 것입니다. 여러분의 삶에는 영원한 보증이 있습니다.

인간은 영원히 살기 위해 만들어진 존재입니다. 여러분은 천국이나 지옥, 둘 중 한곳에서 영원히 지낼 것입니다. 전도서 3:11에서 하나님은 사람에게 영원을 사모하는 마음을 주셨다고 말씀하십니다.

"하늘에 있는 것이나 땅에 있는 것이 다 그리스도 안에서 통일되게 하려 하심이라"(엡 1:10).

에베소서 1:10에서는 그리스도 안에서 그분과 함께 그의 자녀들이 영원히 함께할 것이라고 말씀하십니다. 만일 여러분이 이 세상의 끝이 어떻게 되는지를 알고 싶다면 그 대답은 여기 있습니다. 그리스도 안에서 그분과 함께 그의 자녀들이 영원히 함께할 것이라고 하나님은 분명하게 말씀하십니다.

> **인도자를 위한 팁**
>
> 요점을 설명하기 전에 네 가지 인생의 목적을 요약 정리하라. 이 땅에서 당신을 통해서 하나님께서 이루시기를 원하는 네 가지 목적은 다음과 같다.
>
> 첫째, 당신이 하나님과 관계 맺는 것.
> 둘째, 당신이 예수 그리스도처럼 되는 것.
> 셋째, 당신이 이 땅에서 사명을 이루는 것.
> 넷째, 당신이 이 땅에서 영원을 준비하는 것 .

5. 요점

1) 지금의 삶은 영원한 삶을 위한 <u>준비 과정</u>입니다.

2) 지금의 삶은 영원한 삶을 위한 <u>투자 기간</u>입니다.

가장 중요한 것은 지금의 삶은 영원한 삶을 살기 위한 '준비 과정'이요 '투자 기간'이라는 것입니다. 지금의 삶은 당신이 실제 상황에 들어가기, 전 70년 혹은 80년간의 '유치원', '준비 운동', '리허설' 등과 같은 것입니다.

만약 여러분이 지금까지 공부한 내용(101과정-301과정)을 완전히 이해했다면, 극적인 삶의 변화를 경험했을 것입니다. 이 땅의 삶이 전부가 아니라 준비 기간이며 입학 전의 단계임을 알게 될 것입니다. 이 땅에서 단지 60~80년을 머물 뿐입니다. 그렇기 때문에 여러분이 가졌던 많은 것들은 그 가치를 잃어버릴 것입니다. 영원이라는 시각으로 보면 그것이 그렇게 중요하지 않기 때문입니다. 누가 100년 후에 상을 탈 사람에 대해 관심이 있겠습니까? 그러나 어떤 사람에게는 월드컵에서 어느 팀이 우승하는지가 아직도 중요한 이슈입니다. 영원의 빛 가운데서는 그런 것이 중요하지 않습니다. 우리는 영원히 존재하도록 지어졌기 때문입니다.

> **우리의 인생 사명을 발견하기 위해 알아야 할 두 가지**
> ① 하나님이 당신을 창조하신 목적
> ② 세상에 오신 예수님의 인생 사명

두 번째로 이 세상을 사는 우리의 사명을 생각하면서 예수님이 세상에서 어떤 사명을 가지셨는지 알아야 합니다.

II. 세상에 오신 예수님의 인생 사명은 무엇이었습니까?

1. 우리의 문제 : 우리는 두 가지 불가피한 딜레마에 처해 있습니다.

1) 우리의 죄가 우리와 하나님의 <u>관계</u>를 깨뜨렸습니다.

"오직, 너희 죄악이 너희와 너희의 하나님 사이를 갈라놓았고, 너희의 죄 때문에 주님께서 너희에게서 얼굴을 돌리셔서, 너희의 말을 듣지 않으실 뿐이다"(사 59:2, 새번역).

성경은 우리가 스스로 만든 쓰레기 더미에서 헤어 나올 수 없기 때문에 예수님을 보냈다고 말합니다. 우리는 하나님과 관계를 맺기 위해 지어졌지만 우리는 이기적인 방법으로 관계를 맺었습니다. 그리고 하나님의 방법이 아닌 우리 자신의 방법 때문에 스스로 그 관계를 중단시켜 버렸습니다. 성경에서는 관계가 깨어지고 하나님과 인간 사이에 일어난 부조화가 '죄' 때문이라고 말합니다.

2) 우리는 우리 죄의 결과로 <u>심판</u>을 받게 되었습니다.

"한번 죽는 것은 사람에게 정해진 것이요 그 후에는 심판이 있으리니"(히 9:27).

"하나님은 모든 행위와 모든 은밀한 일을 선악 간에 심판하시리라"(전 12:14).

성경은 인간과 하나님과의 관계가 깨어지고 하나님과 인간 사이에 일어난 부조화가 '죄' 때문이며, 그 죄로 인해서 '심판'을 받게 될 것이라고 말합니다. 이 땅에 태어나는 모든 사람들이 당면하게 되는 문제라는 것입니다. 우리는 모두 죄로 인해 심판을 받게 될 운명이었습니다.

2. 하나님의 해결책 : 하나님은 우리가 다시 하나님께로 돌아갈 수 있도록 <u>자신의 아들</u>을 내어놓으셨습니다.

그러나 하나님께서 이 모든 것을 미리 계획하셨고, 이미 이렇게 될 것이라는 사실을 아셨습니다. 누군가 죄를 짓기 전에 우리가 죄지을 것을 아셨습니다. 그래서 이 문제를 다루기 위해 미리 계획을 하셨습니다. 그분은 우리에게 선택의 자유를 주실 때 잘못 선택할 것을 아셨던 것입니다. 그래서 우리가 틀린 선택을 하기 전에 이미 해결책을 마련해 두셨습니다. 성경은 다음과 같이 말합니다.

> "하나님이 세상을 이처럼 사랑하사 독생자를 주셨으니 이는 그를 믿는 자마다 멸망하지 않고 영생을 얻게 하려 하심이라"(요 3:16).

> "이 예수를 하나님이 그의 피로써 믿음으로 말미암는 화목제물로 세우셨으니 이는 하나님께서 길이 참으시는 중에 전에 지은 죄를 간과하심으로 자기의 의로우심을 나타내려 하심이니"(롬 3:25).

> "하나님께서 그리스도 안에 계시사 세상을 자기와 화목하게 하시며…"(고후 5:19 상).

하나님의 해결 방법은 우리를 다시 당신 앞으로 데려오기 위해 자신의 아들을 보내시는 것이었습니다. 하늘 보좌를 멀리하고 이 땅에 말입니다. 이것이 예수 그리스도가 이 땅에 온 목적이며 그의 임무였습니다.

3. 예수님의 인생 사명 : 사랑으로 자신에 대한 <u>기쁜 소식</u>을 전하는 것이었습니다.

좀 더 자세하게 살펴봅시다. 예수님이 구체적으로 무엇을 하기 위해 오셨습니까? 우리는 너무나 쉽고 분명하게 발견할 수 있습니다. 예수님은 자신의 임무를 여러 사람 앞에서 여러 방법으로 설명했기 때문입니다. 다음 다섯 구절에서 알 수 있는 예수님의 임무에 밑줄 치십시오.

"인자가 온 것은 잃어버린 자를 찾아 구원하려 함이니라"(눅 19:10).

"내가 이를 위하여 태어났으며 이를 위하여 세상에 왔나니 곧 진리에 대하여 증언하려 함이로다"(요 18:37).

"내가 온 것은 양으로 생명을 얻게 하고 더 풍성히 얻게 하려는 것이라"(요 10:10).

"나는 빛으로 세상에 왔나니 무릇 나를 믿는 자로 어둠에 거하지 않게 하려 함이로라"(요 12:46).

"내가 다른 동네들에서도 하나님의 나라 복음을 전하여야 하리니 나는 이 일을 위해서 보내심을 받았노라"(눅 4:43).

예수님의 인생 사명은 무엇이었습니까? 이상 성경구절에서 분명하게 발견할 수 있는 것처럼 죄로 인해서 하나님과 함께할 수 없는 인간들에게 구원의 기쁜 소식을 전하는 것이었습니다. 예수님은 자신의 분명한 인생 사명을 알고 계셨습니다. 그리고 예수님을 믿고 그리스도인이 되는 순간 그것은 우리의 사명이 됩니다.

인도자를 위한 팁

> 401과정 제 2장에서 우리는 '간증'에 대해서 이야기를 나눌 것이다. 모든 사람들의 간증은 서로 다르다. 우리는 서로 다른 삶을 경험하기 때문이다. 그러나 간증의 공통적인 한 부분이 있다. 그것은 바로 복음이다. 우리의 간증에 복음 없이 삶의 이야기만을 그대로 말한다면 그것은 더 이상 간증이 아니다. 간증은 단순히 당신의 인생 이야기 이상의 것이어야 한다.

> **인도자를 위한 팁**
>
> 참가자들 중에는 아직 한 번도 직접 복음을 전해보지 않은 사람들도 있을 것이다. 예수님의 인생 사명이 곧 우리의 사명이라는 사실을 알았다면, 그 핵심을 차지하는 복음의 내용을 분명히 알고 있어야 한다. 간증과 전도에 대한 설명을 하기 전에 간단한 점검을 하는 시간을 가지도록 한다.

III. 기쁜 소식의 메시지

만일 어떤 사람이 여러분에게 예수님에 대한 기쁜 소식을 알려 달라고 부탁한다면, 여러분은 어느 정도의 확신을 가지고 대답할 수 있겠습니까? 아래의 숫자로 여러분 자신을 점검해 보십시오. 여러분은 기쁜 소식에 대해 묻는 사람들에게 복음을 전하는 일에 얼마나 잘 준비되었다고 생각하십니까?

```
1   2   3   4   5   6   7   8   9   10
불안하다        적당하다              확실하다
```

1. 예수님에 대한 기쁜 소식

1) 하나님께서 사람이 되셨습니다. 그래서 당신은 그분과 관계를 맺을 수 있습니다.

   "그의 아들에 관하여 말하면 육신으로는 다윗의 혈통에서 나셨고 성결의 영으로는 죽은 자들 가운데서 부활하사 능력으로 하나님의 아들로 선포되셨으니 곧 우리 주 예수 그리스도시니라"(롬 1:3-4).

   할렐루야! 하나님은 인간이 되셨습니다. 그래서 나는 하나님과 교제

를 할 수 있습니다. 이것이 우리에게 좋은 소식(복음)이 아닙니까? 우리가 그분께 다가갈 수 없었기에 그분이 인간의 몸을 입고 이 땅에 오신 것입니다. 여러분은 이 말씀을 통해서 무엇을 느끼셨습니까?

이 말씀이 당신에게 암시하는 것을 쓰십시오.
_____
_____

2) 예수님은 당신의 <u>죄</u>를 위해 죽으셨습니다. 그래서 당신은 죽지 않아도 됩니다.

"너희가 만일 내가 전한 그 말을 굳게 지키고 헛되이 믿지 아니하였으면 그로 말미암아 구원을 받으리라 내가 받은 것을 먼저 너희에게 전하였노니 이는 성경대로 그리스도께서 <u>우리 죄를 위하여 죽으시고</u> 장사 지낸 바 되셨다가 성경대로 사흘 만에 다시 살아나사"(고전 15:2-4).

"하나님께서 그리스도 안에 계시사 세상을 자기와 <u>화목하게</u> 하시며 그들의 죄를 그들에게 돌리지 아니하시고 화목하게 하는 말씀을 우리에게 부탁하셨느니라"(고후 5:19).

'우리 죄를 위하여 죽으시고'와 '화목하게'에 밑줄 치십시오. 죄는 하나님과 우리는 분리시켰습니다. 하지만 예수님은 십자가에서 화평을 만드셨습니다. 죄는 하나님과 인간 사이에 큰 간격을 만들었지만 십자가는 그 둘을 연결하는 다리를 놓은 것입니다. 죄는 교제를 깨뜨렸지만 십자가는 그것을 회복시켰습니다. 이것이 '화목'의 의미입니다. 여러분은 이 말씀을 통해서 무엇을 느끼셨습니까?

이 말씀이 당신에게 암시하는 것을 쓰십시오.
_____
_____

3) 예수님은 다시 살아나셔서 죽음을 이기셨습니다. 그래서 당신은 <u>영생</u>을 얻게 되었습니다.

"네가 만일⋯하나님께서 그를 죽은 자 가운데서 살리신 것을 네 마음에 믿으면 <u>구원</u>을 받으리라"(롬 10:9).

"그는 사망을 폐하시고 복음으로써 <u>생명</u>과 썩지 아니할 것을 드러내신지라"(딤후 1:10).

'구원', '생명'에 밑줄 치십시오. 인간은 하나님과 하나님의 은혜로 대가 없이 의롭다 함을 얻었습니다(롬 3:24). 하나님은 우리의 죄를 대속하기 위해 예수님을 화목 제물로 주셨습니다.

예수님은 말씀하십니다. "회개하라. 그리고 복음을 믿으라." 또 로마서 1장에서 사도 바울은 말합니다. "복음은 하나님이 우리를 의롭게 하기 위해 어떻게 하셨는지를 보여 주십니다. 믿음으로 시작해서 믿음으로 끝납니다." 성경은 말합니다. "의인은 하나님을 믿음으로 삽니다." 영생을 얻게 하는 믿음, 그것은 그리스도가 필요한 것을 모르는 당신의 가족들에게 꼭 필요합니다. 당신의 이웃, 동료, 친구들에게도 필요합니다. 그들에게는 새 삶으로 인도되는 방법이 필요합니다. 이 말씀을 통해 무엇을 느끼셨습니까?

이 말씀이 당신에게 암시하는 것을 쓰십시오.
_____
_____

이 세 가지를 요약해 보면 다음과 같습니다. 하나님은 인성을 가지셨으며, 그러므로 나는 하나님과 교제를 할 수 있습니다. 예수님은 내 죄를 대속해서 죽으셨기 때문에 나는 죄가 없습니다. 예수님은 사망을 폐하셨으므로 나는 영생을 얻을 수 있습니다. 구원은 대가 없이 주어진 선물이며 나는 따로 구원을 받기 위해 노력할 필요가 없습니다. 내가 해야 하는 것은 신앙의 바탕 위에서 회개하고 믿음을 갖는 것입니다.

> 인도자를 위한 팁
>
> 복음의 핵심적인 내용을 살펴보았다. 대부분의 성도들이 익숙히 아는 내용이다. 그러나 이 내용을 전달할 때 많은 그리스도인들이 어려움을 겪는다. 그래서 이제부터는 복음을 나누는 방법에 대해서 배우게 된다. '영적 기초원리'에 관한 것이다. 이것을 카드로 만들어서 사용하면 효과적이다.
>
> 실제로 복음을 전할 때 이 단계로 가기 전에 앞에서 이야기했던 세 가지 복음의 진리(기쁜 소식의 메시지)를 이야기하거나, 혹은 '사영리'와 같은 책자를 사용해서 복음을 설명해야 한다. 그 사람에게 왜 그리스도가 필요한지 이미 설명했기 때문에 이 영적 기초(BASE)원리는 그리스도를 받아들이는 데 도움이 될 수 있다.

2. 구원에 대한 기쁜 소식(영적 기초/BASE 원리)

> BASE란?
>
> BASE는 Believe(믿음), Accept(받아들임), Switch(전환), Express(표현) 이라는 네 단어의 첫 글자를 따서 만든 것이다. 그 뜻도 '기초', '기반' 혹은 '토대'가 되기 때문에 복음의 내용과 잘 어울린다.
>   누구든지 예수를 믿기 원하는 사람을 구원 안으로 확실하게 들어오게 하기 위해서 BASE원리를 기억하고 그대로 읽어 준다면, 사람들을 예수님 안으로 확실히 다가올 수 있도록 인도해 주는 복음의 도구가 될 것이다.
>
> 참회라든가 주님 또는 다른 종교적 용어들을 사용하지 않고 이해가 용이한 단어들을 사용했고, 간단명료하게 네 가지 질문으로 되어 있다. 가장 큰 장점은 암기하지 않아도 된다는 것이다.

> **인도자를 위한 팁**
>
> 박스로 처리된 부분은 이 BASE 원리를 카드로 만들어 전도 대상자에게 설명하는 방법을 소개하는 것이다. 참고하라.

전도 대상자와 대화를 한다고 가정해 봅시다. 저는 그에게 이렇게 말합니다. "어떤 분이 이 카드를 저의 영적 기반이라며 주셨습니다. 혹시 보신 적이 있습니까? 한번 보시겠습니까? 이것은 저에게 큰 의미가 있었습니다. 성경에 관한 것입니다."

그리고 카드를 함께 봅니다. "여기 당신의 삶에 영적 기반(BASE)을 다지는 방법이 있습니다"라고 말하며 복음 증거를 시작할 수 있습니다.

영적 기반(BASE)의 내용은 다음과 같습니다.

우선 질문을 합니다. "예수님께서 당신을 위해 죽으시고 다시 사신 이 사실을 믿습니까?" 만일 "예"라고 대답하면 다음 단계로 넘어갑니다. 부정한다면 다음과 같이 말하십시오. "이 사실을 확실하게 믿게 해 줄 자료가 여기 있습니다. 읽어 보시겠습니까?" 그들이 긍정적으로 대답하면 좋은 일입니다.

"아니요"라고 하더라도 걱정하지 마십시오. 질문 후에 즉시 다른 대화를 이끄십시오. 누구에게든지 복음에 대한 강박관념을 주지는 마십시오. 그저 함께 나누십시오. 과일은 익으면 저절로 떨어집니다. 사람들이 영접하는지 아닌지는 하나님의 몫입니다. 하나님은 이를 위해 모든 일을 하십니다. 어렵고 힘든 문제가 있을 때 복음을 나누는 것은 우리들 몫입니다. 그들을 확신시키기 위해 변호사가 될 필요는 없습니다. 다만 우리는 증인이 되어야 합니다.

1) 예수님께서 당신을 위해 죽으시고 다시 <u>사신</u> 것을 믿으십시오(Believe).

구원은 믿음을 통해 받습니다.
당신이 해야 할 일은 <u>회개</u>하고 <u>믿는</u> 것입니다.

"(예수께서) 이르시되 때가 찼고 하나님의 나라가 가까이 왔으니 회개하고 복음을 믿으라 하시더라"(막 1:15).

"복음에는 하나님의 의가 나타나서 믿음으로 믿음에 이르게 하나니 기록된 바 오직 의인은 믿음으로 말미암아 살리라 함과 같으니라"(롬 1:17).

이 말씀이 당신에게 암시하는 것을 쓰십시오.

"예수님께서 당신을 위해 죽으시고 다시 사셨습니다. 이 사실을 믿습니까?" 이 질문에 믿는다고 대답한다면 그 사람은 이 다리 (죄로 인해 멀어져 있는 하나님께로 인도하는 다리)의 4분의 1을 지났습니다.

2) 하나님께서 당신에게 주시는 죄 용서의 선물을 받아들이십시오(Accept).

구원은 값없는 선물입니다.
당신은 구원을 획득할 필요가 없습니다.

"(사람은) 그리스도 예수 안에 있는 속량으로 말미암아 하나님의 은혜로 값없이 의롭다 하심을 얻은 자 되었느니라 이 예수를 하나님이 그의 피로써 믿음으로 말미암는 화목 제물로 세우셨으니…"(롬 3:24-25).

"너희는 그 은혜에 의하여 믿음으로 말미암아 구원을 받았나니 이것이 너희에게서 난 것이 아니요 하나님의 선물이라 행위에서 난 것이 아니니 이는 누구든지 자랑하지 못하게 함이라"(엡 2:8-9).

구원을 얻기 위해서 진땀을 흘려 노력할 필요가 없다는 말입니다. 구원은 선물이기 때문입니다.

이 말씀이 당신에게 암시하는 것을 쓰십시오.

_____

"하나님께서 당신에게 주시는 죄 용서의 선물을 받아 들이십시오. 이 일을 원하십니까?" 그 사람은 이제 이 다리(죄로 인해 멀어져 있는 하나님께로 인도하는 다리) 중간 지점에 있는 것입니다.

3) 당신의 삶을 향한 하나님의 계획으로 <u>전환</u>하세요(Switch).

"너희는 이 세대를 본받지 말고 오직 마음을 새롭게 함으로 변화를 받아 하나님의 선하시고 기뻐하시고 온전하신 뜻이 무엇인지 분별하도록 하라"(롬 12:2).

이 말씀이 당신에게 암시하는 것을 쓰십시오.

_____

"당신의 삶을 향한 하나님의 계획으로 당신의 인생을 전환하세요. 이 말은 당신을 향해 하나님께서 계획하신 것이 있다는 말입니다. 그렇게 하시겠습니까?" "좋습니다!"

4) 예수님이 당신 삶의 주인 되심을 <u>표현</u>하세요(Express).

"네가 만일 네 입으로 예수를 주로 시인하며 또 하나님께서 그를 죽은 자 가운데서 살리신 것을 네 마음에 믿으면 구원을 받으리라"(롬 10:9).

이 말씀이 당신에게 암시하는 것을 쓰십시오.

_____

> "예수님이 당신 삶의 주인 되심을 표현하십시오. 제가 당신을 위해 기도하겠습니다. 저의 기도를 따라해 주시기 바랍니다.
> 하나님, 당신 아들이신 예수님을 이 땅에 보내셔서 내 죄를 위해 죽으심으로 제가 죄 사함을 받았음을 믿습니다. 내가 지은 죄를 겸허하게 인정하며, 남은 삶을 당신이 바라시는 대로 살기를 원합니다. 하나님의 영을 제 삶에 부어 주십시오. 아멘."
> 이렇게 해서 당신은 한 사람이 경계선을 넘도록 도움을 주었습니다. 성경구절은 카드의 뒷면에 기록해 두는 것이 좋습니다.

다리 그림 전도법 :
〈BASE 원리 카드〉와 함께 릭 워렌 목사가 잘 사용하는 전도법이다. 참고하라.

그냥 다리를 그리면 됩니다. 릭 워렌 목사의 경우, 비행기 티켓 뒤, 잡지 표지, 냅킨, 칠판 등에 아마 수천 번 이상 이 다리를 그렸을 것입니다. 일단 이 간단한 방법을 이해하고 나면 당신은 언제 어디서나 사람들을 그리스도께로 인도할 수 있습니다.

1. 질문으로 전도를 시작하십시오.
"하나님이 당신으로부터 멀리 있다고 느끼지 않습니까? 당신의 기노가 전달되지 않는다고 느끼지 않았습니까?" 인간과 하나님 사이에는 간격이 있기 때문에 그들은 분명히 여기에 수긍할 것입니다.
2. 조그만 냅킨을 꺼내서 그랜드캐니언을 그립니다. 한쪽에는 '하나님'을 그리고 다른 쪽에는 '인간'을 그립니다.
3. 설명 :
    1) 이쪽에는 하나님이 계시고 저쪽에는 인간인 우리가 있습니다. 성경은 그 사이에 간격이 있다고 말합니다. 하나님 쪽에서는 삶의 목표, 용서, 천국, 권능과 평화를 약속하십니다. 그러나

대부분의 사람들이 이 모든 것들을 경험하고 있습니까? 아닙니다. 그들은 삶의 목표, 용서, 천국을 경험하지 못합니다.

2) 우리와 하나님 사이를 벌려 놓는 것이 무엇입니까? 성경은 우리들의 불완전 때문이라고 합니다. 하나님은 완전한 존재이지만 인간은 불완전한 존재입니다. 하나님과 우리 인간들의 간격이란 바로 하나님의 완전함과 인간의 불완전함 사이의 간격입니다. 성경은 이 불완전을 죄라고 칭합니다. 죄(SIN)의 중간 글자가 무엇입니까? 나(I)입니다. 나는 스스로를 우상으로 삼았습니다. 모든 것이 엉망이었습니다. 모두가 과오를 범했습니다.

성경은 로마서 3:23에서 "모든 사람이 죄를 범하였으매 하나님의 영광에 이르지 못하더니"라고 말씀합니다. 무슨 의미입니까? 인간들은 하나님을 다른 방법으로 찾고 있습니다.

3) 어떤 사람들은 앞장서서 그랜드캐니언을 뛰어넘으려 합니다. 다른 종교로 시도하는 것입니다. 그러나 실패합니다. 어떤 사람들은 성실하고 진실함으로 하나님께 나아가려 합니다. 그러나 실패합니다. 성실하고 진실함은 그 방법이 될 수 없습니다. 어떤 사람들은 이렇게 말합니다. "나는 선하고, 도덕적이며 법을 어긴 적이 없어. 아마도 나는 하나님께 갈 수 있을 거야." 그러나 성경은 이들 모두 할 수 없다고 말합니다. 어떤 사람은 "우리 엄마는 크리스천이었어"라고 말하면서 구원을 상속받으려 합니다. "내 삼촌은 선교사고, 엄마는 크리스천이야."

4) 그러나 모두 안 됩니다. 왜입니까? 만약 세 사람이 그랜드캐니언에 있다고 해 봅시다. 그들은 그랜드캐니언을 뛰어넘으려고 합니다. 만약 올림픽 멀리뛰기의 챔피언이라면 8미터를 지나서 떨어질 겁니다. 당신은 뛰어 봤자 5미터도 넘기지 못할 것입니다. 저도 뛰어 봤자 3미터를 못 넘고 떨어질 것입니다. 각자 사람마다 차이가 있지만, 그 누구도 뛰어넘을 수 없습니다. 하나님께 이르려면 완벽해야 하기 때문입니다.

5) 완벽한 사람이 있습니까? 없습니다. 우리는 모두 하나님께 이를 수 없습니다.

6) 하나님과 우리 사이의 간격에 필요한 것은 다리입니다. 성경은 예수 그리스도가 그 다리라고 말씀하십니다.

7) 냅킨에 계속해서 조그만 다리를 그립니다. 예수 그리스도는 하나님과 우리 사이의 다리입니다. 그분은 성난 바다 위에 놓인 다리입니다. 천국으로 가는 방법은 하나님과의 관계를 통해서만 갈 수 있습니다.

"하나님은 모든 사람이 구원을 받으며 진리를 아는 데에 이르기를 원하시느니라"(딤전 2:4).

8) 예수님이 그 다리입니다. 다리에 대해 명확하게 말해 주는 것이 있습니다. 당신이 저편으로 건너려면 다리를 믿어야 합니다. 그것이 전부입니다. 다리를 믿으십시오.

"영접하는 자 곧 그 이름을 믿는 자들에게는 하나님의 자녀가 되는 권세를 주셨으니"(요 1:12).

9) 우선 믿어야 합니다. 무엇을 믿어야 합니까? 그분이 스스로 존재하는 분임을 믿습니다. 그분이 하나님이라고 말씀하신 예수님을 믿습니다. 또한 그분이 나를 일으켜 세워 주실 것을 믿습니다. 다리를 건널 때는 다리가 나를 지탱해 줄 것이라는 사실을 믿어야 합니다. 그러한 믿음이 없으면 절대로 건널 수 없습니다. 다리에 대한 믿음을 가져야 합니다. 믿어야 합니다.

10) 그래서 영접해야 합니다. 내 삶의 인도자로, 지배인으로, 최고 경영자(CEO)로 말입니다.

천국에 이르는 길은 두 가지뿐입니다. 믿고 영접하는 것입니다. 그것이 성경의 가르침입니다.

여기에 당신이 할 일이 있습니다. 다음과 같이 말하십시오. "당신은 아마도 이 다리의 어느 지점에 있을 것입니다. 당신이 있다고 생각하는 위치에 ×표를 하십시오"(99.9퍼센트는 중간에 ×표를 합니다). "예수님을 믿는다는 의미입니다, 단지 당신의 삶에 예수님을 영접했는지를 모르고 있을 뿐입니다. 중간쯤에 도달했으니 이미 예수님을 믿고 있는 것입니다. 이제 예수님을 영접하는 일만 남았습니다"라고 말합니다.

한 설문조사에 따르면 미국인의 94퍼센트가 예수 그리스도를 믿는다고 합니다. 당신은 "예수가 스스로 존재하는 자라고 믿지 않는다"라고 말하는 사람들과 이야기하는 것이 아닙니다. 설문조사에서 94퍼센트가 "네, 저는 예수님이 스스로 존재하는 분임을 믿습니다"라고 답변할 것이라고 했습니다. 그들은 아직 영접 절차를 거치지 않았을 뿐입니다.

이렇게 말하십시오. "당신은 이미 중간 지점에 당도했습니다. 당신은 그분을 믿고 있습니다. 이제 영접할 차례입니다." 그들이 어떻게 하냐고 반문을 합니까?

그렇다면 〈BASE 원리〉를 설명하면 됩니다.

예수님이 이 땅에 오신 목적은 분명합니다. 잃어버린 자를 찾아 살리고, 진리를 전파하고, 생명을 주고, 어둠을 비추고, 사람들에게 하나님 나라의 기쁜 소식을 전하는 것입니다. 많은 사람들은 '이 일은 훌륭하지만 과연 이것이 나의 사명과 무슨 상관이 있을까?'라고 생각합니다. 성도의 사명과 예수님의 사명은 모든 사람이 그리스도인이 된 순간, 서로 연결되었습니다. 왜 예수님의 사명이 이 세상에서 당신에게 중요한지 몇 가지 이유를 제시할 필요가 있습니다.

IV. 왜 예수님의 인생 사명이 당신에게 소중합니까?
당신에게 동기를 부여해 주는 10가지 요소

1. 예수님을 닮기 원하면, 예수님의 인생 사명이 당신의 인생 사명이 되어야 하기 때문입니다.

예수님은 요한복음 17장에서 하나님이 예수님께 이 세상에서의 사명을 주신 것 같이, 예수님도 우리에게 이 세상에서 해야 할 사명을 주셨다고 말씀하셨습니다.

"아버지께서 나를 세상에 보내신 것 같이 나도 그들을 세상에 보내었고"(요 17:18).

하나님은 사명을 주시는 분이십니다. 따라서 우리는 사명을 스스로 만들거나 꿈속에서 헤매듯 찾지 않아도 됩니다. 사명이란 우리가 기도 가운데 하나님을 찾고 만난다면 발견할 수 있는 것입니다. 우리 각 사람은 서로 독특한 '형상'(S.H.A.P.E.)을 갖고 있습니다. 이 사실은 하나님께서 역사적이며 세계적인 사명 완수에 우리가 참여할 수 있도록 각 사람을 어떻게 준비시켜 주셨는지를 알게 해 줍니다.

2. 예수님은 당신이 예수님의 사명을 계속 이어나가기를 기대하시기 때문입니다.

실제로 이것은 선택사항이 아닙니다. 하나의 제안도 아닙니다. 스케줄에 맞춰 시간적인 여유가 있을 때 하면 되는 것이 아닙니다. 이것은 명령입니다. 만일 당신이 그리스도인이라면 그리스도의 사명을 이루기 위해 위임받았습니다.

예수 그리스도가 이 세상에 계셨을 때, 그는 육신을 가지셨습니다. 하나님이 하셨던 모든 것을 예수님은 인간의 몸으로 하셨습니다. 오늘날에는 육체가 아닌 영으로 우리와 함께하십니다. 영의 몸으로 계십니다. 예수님의 영적인 몸은 무엇입니까? 바로 교회입니다. 오늘날 교회는 어디에 있습니까? 그리스도인들이 모인 곳이 교회입니다. 예수님이 이 세상에 오셨을 때 그분은 한곳에만 있었지만 지금 그분은 전 세계 위에 영으로 함께하십니다. 그분은 육체적인 제한을 받지 않기 때문에 한 번에 많은 곳에 계실 수 있습니다. 누가 그리스도의 영적인 몸입니까? 바로 당신이고 저입니다. 우리가 모두 그리스도의 몸입니다.

부모들은 아이들이 어렸을 때 그들에게 뭔가 주입하기를 원합니다. 부모의 훈계를 기억하기를 바라면서 몇 번이고 반복해서 말합니다. 왜냐하면 아이들이 한번에 이해하지 못하기 때문입니다. 그래서 부모는 중요하다고 생각하는 것을 자꾸 반복해서 말해야 합니다.

예수 그리스도가 이 세상에 계셨을 때, 그분은 매우 중요한 말씀을 하셨습니다. 그는 그것을 다섯 번의 다른 상황에서 다섯 가지 방법으로 말씀하셨습니다. 사복음서에서 각각 한 번씩, 그리고 사도행전에서 한 번 이야기했습니다. 우리는 이것을 '지상명령'이라고 부릅니다. 아마 당신은 이 명령이 단 한곳에만 나와 있다고 생각할지도 모르겠습니다. 하지만 이것은 '다섯 가지 명령'입니다. 하나는 마태복음에, 하나는 마가복음에, 하나는 누가복음에, 하나는 요한복음에 그리고 하나는 사도행전에 있습니다. 우리는 이 다섯 가지 명령을 읽어야 합니다. 왜 이 명령을 '지상명령'이라고 부를까요? 왜냐하면 이 명령들이 당신의 삶에서 세울 수 있는 '가장 위대한 것'이기 때문입니다.

1) 예수님의 5가지 대사명(위임)

"그러므로 너희는 가서 모든 민족을 제자로 삼아 아버지와 아들과 성령의 이름으로 세례를 베풀고 내가 너희에게 분부한 모든 것을 가르쳐 지키게 하라 볼지어다 내가 세상 끝날까지 너희와 항상 함께 있으리라 하시니라"(마 28:19-20).

"너희는 온 천하에 다니며 만민에게 복음을 전파하라"(막 16:15).

"그의 이름으로 죄 사함을 받게 하는 회개가 예루살렘에서 시작하여 모든 족속에게 전파될 것이 기록되었으니"(눅 24:47).

"아버지께서 나를 보내신 것 같이 나도 너희를 보내노라"(요 20:21).

"오직 성령이 너희에게 임하시면 너희가 권능을 받고 예루살렘과 온 유대와 사마리아와 땅끝까지 이르러 내 증인이 되리라"(행 1:8).

예수님은 이 명령을 다섯 번에 걸쳐 각각 다른 방법으로 다른 장소에서 말씀하셨습니다. 이 명령을 진짜로 예수님의 말씀으로 믿으십니까? 이 다섯 가지 명령을 개인적으로 공부하면서 깊이 있게 다루어 본다면, 복음 전하는 것을 어디서, 언제, 왜 해야 하는지를 알게 될 것입니다. 이 명령에는 삶을 향해 주시는 명령, 메시지, 방법 그리고 삶의 동기가 담겨 있습니다. 그러나 예수님이 말씀하시는 요점은 그분의 사명이 당신에게도 중요하다는 것입니다. 당신은 주님의 명령을 받은 자입니다. 내가 그리스도인이라면 나의 사명은 결코 선택이 아닙니다. 내가 순종할 것인지 불순종할 것인지의 문제가 아닙니다.

3. 예수님의 사명을 이어 복음을 전하는 것은 당신의 <u>책임</u>이기 때문입니다.

"내가 악인에게 말하기를 너는 꼭 죽으리라 할 때에 네가 깨우치지 아니하거나 말로 악인에게 일러서 그의 악한 길을 떠나 생명을 구원하게 하지 아니하면 그 악인은 그의 죄악 중에서 죽으려니와 내가 그의 피 값을 네 손에서 찾을 것이고"(겔 3:18).

바울은 고린도전서 9:16에서 "내가 복음을 전할지라도 자랑할 것이 없음은 내가 부득불 할 일임이라 만일 복음을 전하지 아니하면 내게 화가 있을 것이로다"라고 합니다. 이러한 마음이 우리에게 필요합니다. 우리 주위에 아직도 예수님을 모르는 사람들이 있습니다. 그들은 지옥으로 가고 있습니다. 만약 그들을 그냥 가게 둔다면 전적으로 나의 책임이라는 마음의 자세가 우리에게 필요합니다. 하나님께서 나를 통해 복음을 전하기 위해서 우리 주위의 사람들을 보내 주신 것입니다.

당신이 그리스도인이라면, 예수님의 사명을 이어가는 것은 선택이 아닙니다.

4. 예수님 사명의 대행자가 되는 것은 특권이기 때문입니다.

"그가 그리스도로 말미암아 우리를 자기와 화목하게 하시고 또 우리에게 화목하게 하는 직분(특권)을 주셨으니…화목하게 하는 말씀을 우리에게 부탁하셨느니라 그러므로 우리가 그리스도를 대신하여 <u>사신이 되어</u>"(고후 5:18-20).

'사신이 되어'에 밑줄 치십시오. 우리는 '하나님의 대사들'입니다. UN에 가면 각 나라를 대표하는 대사들이 모입니다. 당신은 그곳의 대사들을 보고 놀라고 신기해할지 모릅니다. 하지만 저는 그보다 더 중요한 하나님 나라의 대사입니다. 당신도 마찬가지입니다. 저는 왕 중의 왕이시며, 주인 중에 주인이신 예수 그리스도의 대사입니다. 그분을 대표한다는 것은 특권입니다. 바울은 로마서 1:16에서 다음과 같이 고백합니다.

"내가 복음을 부끄러워하지 아니하노니 이 복음은 모든 믿는 자에게 구원을 주시는 하나님의 능력이 됨이라"(롬 1:16).

5. 예수님께서 당신을 위해 해주신 일은 감사히 여겨야 할 조건이기 때문입니다.

우리는 복음이 얼마나 기쁜 것인지를 자주 잊어버립니다. 에베소서 2:12에서 바울의 고백을 보겠습니다.

"<u>그때에 너희는 그리스도 밖에 있었고</u>…세상에서 소망이 없고 하나님도 없는 자이더니"(엡 2:12).

'그때에 너희는 그리스도 밖에 있었고'에 밑줄 치십시오. 그것은 힘겨운 삶이었습니다. 소망이 없었고 하나님을 알지 못했습니다. 지금 하나님을 모시고 있는 우리는 소망이 있습니다. 우리의 삶에 예수님이 계십니다. 너무 감사합니다. 그분이 우리를 위해 하신 일에 감사하기 때문입니다.

"헬라인이나 야만인이나 지혜 있는 자나 어리석은 자에게 다 내가 빚진 자라"(롬 1:14).

바울은 자신의 민족과 이방인에 대해 무거운 책임감이 있다고 고백합니다. 어떤 책임을 말합니까? 만일 제가 암에 대한 치료제가 있는데 다른 사람한테 말하지 않는다면 이것은 범죄입니다. 만일 제가 에이즈를 치료하는 약이 있는데 말하지 않았다면 이것도 범죄입니다. 만일 제가 예수 그리스도와 하나님을 알아서 천국에 가는 유일한 방법을 아는데 제 옆에 있는 사람에게 말하지 않는다면 마찬가지로 범죄입니다.

"그리스도의 사랑이 우리를 강권하시는도다 우리가 생각하건대 한 사람이 모든 사람을 대신하여 죽었은즉…"(고후 5:14).

'그리스도의 사랑'에 밑줄 치십시오. 하나님은 그가 사랑하지 않는 사람은 절대 창조한 적이 없습니다. 모든 사람은 그분에게 특별합니다. 그리고 모든 사람은 하나님이 돌보시므로 우리도 그러해야 합니다. 그렇기 때문에 우리는 그분이 하신 일을 보며 감사할 수 있습니다.

6. 그리스도가 없는 사람들은 절망 가운데서 방황하기 때문입니다.

"다른 이로써는 구원을 받을 수 없나니 천하 사람 중에 구원을 받을 만한 다른 이름을 우리에게 주신 일이 없음이니라 하였더라"(행 4:12).

'다른 이로써는 구원을 얻을 수 없나니'에 밑줄 치십시오. 그리스도가 없는 사람들은 소망을 잃어버린 자입니다. 소망을 잃은 사람이 천국으로 갈 수 있는 유일한 길은 바로 그리스도입니다. 그래서 우리는 복음을 전해야만 합니다. 어떻게 할 수 있습니까?

"누구든지 주의 이름을 부르는 자는 구원을 받으리라 그런즉 그들이 믿지 아니하는 이를 어찌 부르리요 듣지도 못한 이를 어찌 믿으리요 전파하는 자가 없이 어찌 들으리요"(롬 10:13-14).

'전파하는 자가 없이 어찌 들으리요'에 밑줄 치십시오. 누군가가 그들에게 말해 주어야 합니다. 하나님은 직접 하실 수도 있었지만 당신과 저를 사용하기로 선택하셨습니다. 그것은 특권입니다. 하나님은 예수님을 모르고 소망 없이 사는 사람들이 우리를 통해서 복음을 듣기를 원하십니다. 우리가 복음을 전하는 그 열심에 어떤 보상을 바라는 것이 아닙니다. 복음을 전하는 것은 우리가 마땅히 해야 할 일입니다.

"내가 복음을 전할지라도 자랑할 것이 없음은 내가 부득불 할 일임이라 만일 복음을 전하지 아니하면 내게 화가 있을 것이로라"(고전 9:16).

7. 하나님은 모든 사람이 구원받기를 원하시기 때문입니다.

"하나님은 모든 사람이 구원을 받으며 진리를 아는 데에 이르기를 원하시느니라"(딤전 2:4).

"주의 약속은 어떤 이들이 더디다고 생각하는 것 같이 더딘 것이 아니라 오직 주께서는 너희를 대하여 오래 참으사 아무도 멸망하지 아니하고 다 회개하기에 이르기를 원하시느니라"(벧후 3:9).

'모든 사람', '아무도 멸망하지 아니하고'에 밑줄 치십시오. 하나님은 모두가 그분을 알기를 원하십니다. 모든 인간들 말입니다. 성경은 하나님은 어느 누구도 잃고 싶지 않다고 말합니다. 하나님은 우리가 모두 그분을 가까이 알기를 원하십니다.

8. 당신이 예수님의 인생 사명을 이어갈 때 영원한 상급을 받기 때문입니다.

"여러분은 주님에게 하늘의 축복을 상으로 받게 될 것을 기억하십시오. 여러분은 주님이신 그리스도를 섬기는 사람들입니다"(골 3:24, 현대).

우리는 주님이 그의 백성들에게 약속한 상급을 받는다는 사실을 기억하십시오. 사람들을 하나님께로 인도할 때 상급이 있습니다.

9. 역사를 향한 하나님의 <u>시간표</u>는 예수님의 사명을 완수하는 우리의 손에 달려 있기 때문입니다.

〈뉴스위크〉라는 잡지 표지에 다음과 같은 글이 실렸던 적이 있습니다. '성경은 이 시대의 종말에 대해 어떻게 말하고 있는가?' 물론 많은 사람들이 뉴 밀레니엄을 맞이하고서 세계의 종말에 많은 관심을 가지고 있습니다. 사람들은 '정말 예수님이 다시 오실까?'라고 생각합니다. 모두 마음이 편치 않고, 무엇을 해야 할지 고민합니다. 특별히 예수님을 믿지 않는 사람들은 이 때문에 긴장하기도 합니다.

그런데 예수님이 언제 오실지 분명히 밝혀져 있다는 사실은 흥미롭습니다. 먼저 다음 구절을 봅시다.

"이 천국 복음이 모든 <u>민족</u>에게 증언되기 위하여 온 세상에 전파되리니 그제야 끝이 오리라"(마 24:14).

'민족'에 밑줄 치십시오. 민족이라는 단어는 오늘날 우리가 말하는 것처럼 정치적인 의미가 아닙니다. 이집트와 같은 시대는 지금처럼 민족이라는 개념이 없었습니다. 사람들의 그룹이 있었습니다. 예를 들면 이집트라는 민족 안에는 수백 개의 다른 사람의 그룹들이 있었습니다. 미국에는 수천 개의 다른 민족들이 있습니다. 로스앤젤레스 한곳에서만 187개의 언어가 있습니다. 여기서 민족은 '모든 종족'을 의미합니다. 예수 그리스도는 복음이 세계의 '모든 민족', '모든 족속', '모든 언어'에 전파될 때까지 오시지 않을 것입니다.

하늘로 승천하시기 직전에 예수님은 그와 가장 가까운 제자들을 만나셨습니다. 예수님의 재림에 대해 제자들은 생각하고 있었습니다. "주여, 언제 오시나이까?" 제자들은 주님이 언제 다시 오시는지를 정확히 알고 싶었습니다.

"그들이 모였을 때에 예수께 여쭈어 이르되 주께서 이스라엘 나라를 회복하심이 이때니이까 하니 이르시되 때와 시기는 아버지께서 자기의 권한에 두셨으니 너희가 알 바 아니요 오직 성령이 너희에게 임하시면 너희가 권능을 받고 예루살렘과 온 유대와 사마리아와 땅끝까지 이르러 내 증인이 되리라"(행 1:6-8).

이 부분은 성경에서 매우 어려운 구절입니다. 제자들은 예수님에게 앞으로의 일에 대해 물어보았습니다. "언제 다시 오십니까? 재림하는 날은 언제입니까?" 예수님은 그 문제에 대해 말하지 않으셨습니다. 그분은 "너희가 알 바가 아니라"고 말씀하셨습니다. 제자들이 장래의 일을 말할 때 예수님은 사명과 복음을 말하셨습니다. 이것이 매우 중요합니다. 예수님이 떠나실 채비를 하고 있었기 때문에 사람들은 자연스럽게 "예수님, 언제 돌아오시나요?"라고 물었습니다. 예수님은 "그때는 너희가 알아야 할 것이 아니고 밖에 나가서 예루살렘과 유다와 사마리아와 땅끝까지 증인이 되라"고 말씀하셨습니다.

그분은 "네가 상관할 바가 아니니 그 주제를 떨쳐 버리라"고 말씀하십니다. "내가 언제 오느냐에 초점을 두는 대신에 모든 세상에 나의 메시지를 전하는 데 초점을 맞추기를 원한다"고 말씀하십니다. 마침내 이 세상은 끝에 이를 것이기 때문입니다. 그분은 앞으로의 일이 아니라 이 세상에서 그분이 남긴 목적에 초점을 두라고 말씀하십니다. 그것은 무엇입니까? 바로 우리의 사명입니다.

함께 이 문제에 대해 생각해 보겠습니다. 예수님이 언제 다시 오실까요? 예수님은 마태복음 24:36절에서 "그러나 그날과 그때는 아무도 모르나니 하늘의 천사들도, 아들도 모르고 오직 아버지만 아시느니라"라고 말씀합니다. 예수님은 그가 세상에 있는 동안 그가 언제 오실지 모른다고 하셨습니다. 예수님이 모르셨다면 당신도 절대 알 수 없습니다.

그러나 우리는 그날에 앞서 먼저 무슨 일이 일어날지는 알고 있습니다. 하나님 나라의 복음이 모든 세계, 모든 민족으로 전해진 후에야 마지막 때가 올 것입니다. 만약 당신이 예수 그리스도가 오시기를 원하신다면 바로 나가서 증거하십시오. 마지막 사람이 예수님을 받아들이는 그 순간에 펑! 하고 끝이 날 것입니다. 그리고 그가 누구인지를 아무도 모릅니다. 언제 일어날지도 모릅니다.

10. 하나님 나라에서 당신에게 복음을 전해들은 사람들을 볼 때 당신이 <u>기뻐할</u> 것이기 때문입니다.

"죄인 한 사람이 회개하면 하늘에서는 회개할 것 없는 의인 아흔아홉으로 말미암아 기뻐하는 것보다 더하리라"(눅 15:7).

여러분은 누군가가 예수님을 알게 될 때마다 천국에서 파티가 열린다는 것을 알고 계십니까? 아마 오늘도 수백 명의 사람들이 세례를 받았고, 많은 사람들 앞에서 예수님을 믿는다고 부끄럼 없이 말했을 것입니다. 그리고 이때 하늘에서는 잔치가 벌어졌을 것입니다.

하늘나라에서 당신이 전도한 사람들을 본다면 매우 기쁠 것입니다. 당신은 두려움을 뿌리치고 사랑으로 아버지, 어머니, 형, 언니, 동생, 친지들, 이웃들, 직장 동료들, 학교 친구들, 심지어는 우연히 만난 모르는 사람에게 복음을 전하기 위해 시간을 드렸다는 사실을 기뻐할 것입니다.

이 모든 사실을 알게 된 당신은 어떻게 반응해야 할까요?

> 인도자를 위한 팁
>
> 인도자는 헌신을 요청하고 싶을 것이다. 하지만, 어떤 결단을 강요하지 말아야 한다. 아래의 두 성경구절을 통해서 이러한 사실을 먼저 깨달았던 바울의 반응을 소개해 주고 참가자들이 스스로 결단할 수 있도록 시간을 주도록 하라.

"내가 달려갈 길과 주 예수께 받은 사명 곧 하나님의 은혜의 복음을 증언하는 일을 마치려 함에는 나의 생명조차 조금도 귀한 것으로 여기지 아니하노라"(행 20:24).

"내가 복음을 전할지라도 자랑할 것이 없음은 내가 부득불 할 일임이라 만일 복음을 전하지 아니하면 내게 화가 있을 것이로다"(고전 9:16).

제 2 장

||||||||| 당신의 간증을 나누십시오

1장을 통해 참가자들은 우리가 사명을 가지고 있다는 것을 이해하고 그 사명에 담긴 메시지가 무엇인지를 깨달았을 것이다. 2장에서는 이 메시지를 나누는 것에 대해 구체적으로 배운다.

삶의 이야기(메시지)는 당신 삶에서 가장 중요한 부분이다. 그러나 그것이 전부는 아니다. 당신의 삶에 주어진 이야기는 '하나님께서 당신을 통해 전하고 싶은 것이 무엇인가?'이다. 이것은 당신에게 주신 독특한 메시지다. 하나님은 이 독특한 메시지를 위해 당신을 손수 창조하시고 이 세상에 보내셨다. 따라서 당신이 이 메시지를 다른 이에게 나누지 않으면 이 메시지의 나눔은 이루어질 수 없다.

하나님께서 우리에게 모두 나누라고 하신 부분이 바로 이 부분이다. 성경은 '그는 우리가 (주님과 우리 사이) 관계를 회복하시는 이 메시지를 다른 이들에게 전하길 원하신다. 따라서 우리는 그리스도의 대사다'라고 말한다.

● 주의 : 2장은 1, 2부로 나누어져 있다. 따라서 201과정을 각 장별로 여러 주에 나누어 진행할 경우, 인도자는 3장을 2주로 나누어서 진행하도록 하라.

"너희는 택하신 족속이요 왕 같은 제사장들이요 거룩한 나라요 그의 소유가 된 백성이니 이는 너희를 어두운 데서 불러내어 이의 기이한 빛에 들어가게 하신 이의 아름다운 덕을 선포하게 하려 하심이라"(벧전 2:9).

제 1 부 : "개인 간증 나누기"

아래에는 복음을 증거할 때 우리가 가져야 할 자세에 대해서 말하고 있는 세 가지 성경구절이 있습니다. 함께 읽어 보겠습니다.

"너희 속에 있는 소망에 관한 이유를 묻는 자에게는 대답할 것을 항상 예비하되 온유와 두려움으로 하고"(벧전 3:15).

"너희는 택하신 족속이요 왕 같은 제사장들이요 거룩한 나라요 그의 소유가 된 백성이니 이는 너희를 어두운 데서 불러내어 이의 기이한 빛에 들어가게 하신 이의 아름다운 덕을 선포하게 하려 하심이라"(벧전 2:9).

"하나님께서…화목하게 하는 말씀을 우리에게 부탁하셨느니라 그러므로 우리가 그리스도를 대신하여 사신이 되어 하나님이 우리를 통하여 너희를 권면하시는 것 같이 그리스도를 대신하여 간청하노니 너희는 하나님과 화목하라"(고후 5:19-20).

> 개인의 이야기는 의사전달에서 상대방을 설득하는
> 아주 강력한 방식입니다.

간증이 의사전달에서 상대방을 설득하는 강력한 방식이라는 사실은 앞으로 설명을 통해서 더욱 분명해질 것입니다.

I. 왜 개인 간증이 중요합니까?

1. 성경은 간증으로 가득 차 있습니다.

   1) 다윗
      "하나님을 두려워하는 너희들아 다 와서 들으라 <u>하나님이 나의 영혼을 위하여 행하신 일을 내가 선포하리로다</u>"(시 66:16).

'하나님이 나의 영혼을 위하여 행하신 일'에 밑줄 치십시오. 다윗은 지금 자신의 삶에 일어난 하나님의 은혜를 개인적으로 이야기하고 있습니다. 간증하고 있는 것입니다.

2) 우물가의 여인
"여자의 말이 내가 행한 모든 것을 그가 내게 말하였다 <u>증언하므로</u> 그 동네 중에 많은 사마리아인이 예수를 <u>믿는지라</u>"(요 4:39).

이 여인은 사회적으로 낮은 신분의 사람이었습니다. 그러나 그의 개인적인 이야기는 큰 영향력이 있었습니다. '증언하므로', '믿는지라'에 밑줄 치십시오. 그녀의 간증 때문에 동네 사람들이 예수를 믿게 되었습니다. 하나님은 우리의 신분과 상관없이 우리가 간증하기를 원하십니다.

3) 날 때부터 소경 된 사람
"대답하되 그가 죄인인지 내가 알지 못하나 <u>한 가지 아는 것</u>은 내가 맹인으로 있다가 지금 보는 그것이니이다"(요 9:25).

'한 가지 아는 것'에 밑줄 치십시오. 간증은 이 소경의 이야기처럼 아주 짧게 할 수도 있습니다. 자신의 삶에 일어난 주님의 은혜를 입으로 고백하는 것입니다. 그 과정과 이유는 신학적으로 설명할 수 없지만, 자신의 삶에 일어난 일에 대해서 고백하는 것입니다. 그것이 바로 간증입니다.

당신의 간증 역시 이럴지도 모릅니다. "나는 예측할 수 없었습니다. 결과를 알 수 없고 신학에도 문외한입니다. 예수 그리스도께서 내 삶을 변화시켰다는 것이 내가 아는 전부입니다." 이것이 간증입니다. 모든 것을 알 필요는 없습니다. 당신이 성경학자가 아니어도 괜찮습니다. 당신은 "예수 그리스도께서 내 생애를 변화시켰다"라는 간증을 하면 됩니다. 그리고 주님이 무엇을 변화시키셨는지 사람들에게 말하면 됩니다.

4) 베드로와 요한
"우리는 보고 들은 것을 말하지 아니할 수 없다 하니"(행 4:20).

영어로 목격자를 'eyewitness'라고 합니다. 베드로와 요한은 자신들의 삶에 나타난 그리스도의 은혜와 그들이 바라 본 영광을 이야기할 수 밖에 없었습니다. 그리스도인의 삶에서 아주 자연스럽게 나타나는 부분입니다. 간증은 자연스럽고 당연한 것입니다.

5) 바울
여섯 가지 다른 상황에서(행 22-26장) 바울은 자신의 간증을 사용해서 불신자들에게 기쁜 소식을 전했습니다.

사도행전 22-26장에 보면 바울은 여러 가지 다른 상황에서 간증을 합니다. 자기 자신을 변호하는 상황에서 우리는 그때마다 바울의 간증을 볼 수 있습니다. 학문적으로 뛰어난 학자였던 바울도 간증을 즐겨 사용했습니다.

6) 예수님
"진실로 진실로 네게 이르노니 우리는 아는 것을 말하고 본 것을 증언하노라"(요 3:11 상).

'말하고 본 것'에 밑줄 치십시오. 예수님도 간증이라 할 수 있는 개인적인 경험을 말하고 있습니다. 여기에서 말하는 것은 전해들은 것이 아니며, 소문도 아닙니다.

오늘날에도 개인적인 증언은 가장 강력한 의사소통의 방식이며, 가장 강력한 설득의 수단입니다. 수많은 기업체는 아직도 개인의 간증을 이용합니다. 당신은 TV에서 다음과 같은 대화를 언제나 볼 수 있습니다. "전 ○○○를 씁니다. 여러분도 써 보세요." "이 세제를 썼더니 와이셔츠의 찌든 때가 싹 사라졌어요." 왜 그들이 그런 말을 사용할까요? 증언이 여전히 가장 강력한 의사소통 방식이기 때문입니다.

2. 내 간증에 어떤 가치가 있습니까?

왜 나의 개인적인 이야기를 남들에게 말해야 할까요? 왜 예수님으로 인해 변화된 내 삶을 남에게 이야기해야 할까요? 당신의 간증이 꼭 필요한 여섯 가지 이유가 있습니다.

1) 당신의 간증은 <u>독특</u>합니다.
당신의 간증과 똑같은 간증은 이 세상 그 어디에도 없습니다.

당신의 간증은 어떤 다른 사람과도 같지 않습니다. 완전히 유일무이한 것입니다. 당신만이 자신의 간증을 할 수 있습니다. 다른 사람들에게 내 삶의 변화를 간증하지 않는다면 이 세상 누구도 그 간증을 들을 수 없습니다.

2) 당신의 간증은 <u>개인적</u>이고 쉽게 이해가 됩니다.
당신은 가슴으로 간증을 나눌 수 있습니다.

누군가의 간증이나 개인적인 얘기는 많은 원칙과 사실, 비유보다 쉽게 이해됩니다. 때로 말솜씨와 문장력이 부족해도 가슴으로 이해가 될 수 있습니다. 모든 사람이 공통적으로 경험하는 내용을 담고 있기 때문입니다. 또한 간증을 할 때는 남의 이야기를 하듯이 할 수 없습니다. 자신의 삶이기 때문에 열정적으로 할 수 있습니다.

3) 당신의 간증은 <u>100퍼센트</u> 당신의 것입니다.
당신은 당신의 간증에 관한 한 가장 큰 권위를 가지고 있습니다.

당신만이 자신의 간증을 할 수 있습니다. 간증에 대해 논쟁하는 것은 어렵습니다. 당신에게 일어난 일이기 때문에 논쟁거리가 되지 않습니다. 당신에게 발생한 사건이기 때문에 당신만이 알고 있습니다.

4) 당신의 간증은 기억하기 좋습니다.
사람들은 개인의 이야기를 듣기 좋아하며 잘 기억합니다.

자신의 삶과 연결된 간증자의 이야기는 기억하기 쉽습니다. 청중들은 간증 내용과 자신을 연관시키기 때문입니다.

5) 당신의 간증은 관계적입니다.
사람들은 당신의 간증과 자신의 경험을 비교하며 관련짓습니다.

사람들은 간증 내용과 자신을 연관시킵니다. 간증으로 연결 고리가 형성됩니다. 당신이 자신의 이야기를 할 때, 청중들은 '내가 크리스천이 되기 전에, 그리고 그 이후에 일어난 스토리와 비슷하네.' '지금 내가 몸부림치는 일이군.' 하면서 '아, 알만해. 무슨 뜻인지!'라고 생각합니다. 청중들은 모든 내용을 보다 쉽고 보다 빠르게 자신과 연관시킵니다.

6) 당신의 간증은 효과적입니다.
우리가 사는 포스트모던 세상에서, 당신의 간증은 기쁜 소식을 가장 효과적으로 알려주는 길입니다.

포스트모던 시대에서 간증은 가장 효과적인 '증거'입니다. 오늘날 많은 사람들은 성경에 관심이 없습니다. 성경을 받아들이지 않습니다. 성경이 완벽한 사실이라고 믿지 않습니다. 어떤 것을 믿으면 사실이고, 믿지 않으면 사실이 아닙니다. "완벽한 진리는 없어. 어떤 정의도…" 그런 사람들은 성경을 인정하지 않을 수도 있습니다. 그들에게 성경을 인용하고 싶다면 그만두십시오. 성경의 권위를 인정하지 않기 때문입니다. 그러나 여러분의 간증에는 귀 기울일 것입니다. 그렇기 때문에 여러분은 간증을 해야 합니다.

여러분의 간증은 실제로 목사의 말보다 훨씬 영향력이 있습니다. 목사가 간증을 한다면, 사람들은 "저 사람은 하나님에 대해서 말할 거야. 목사니까"라고 말합니다. 그러나 불신자들이 여러분으로부터 예수

님에 대한 간증을 들을 때, 만족한 고객의 입장인 여러분의 의견을 듣게 되는 것입니다. 돈을 받는 세일즈맨과 만족한 고객 중 누가 더 신뢰가 갑니까?

여러분의 간증은 강력한 도구이며 어떤 사람도 그것을 틀렸다고 할 수 없습니다. 왜냐하면 여러분이 겪은 이야기이기 때문입니다. 나쁜 간증이란 없습니다. 여러분이 좋든 싫든 여러분은 증인입니다.

3. 당신의 간증은 <u>반드시</u> 나눠져야 합니다.

성경은 우리가 가지고 있는 간증을 세상에 나누라고 분명하게 '명령'하고 있습니다. 다음 성경구절들을 함께 보겠습니다.

> "너희 속에 있는 소망에 관한 이유를 묻는 자에게는 대답할 것을 항상 준비하되"(벧전 3:15).

> "여호와께 감사하고 그의 이름을 불러 아뢰며 그가 하는 일을 만민 중에 알게 할지어다"(시 105:1).

> "여호와께 노래하여 그 이름을 찬양하고 그의 구원의 기쁜 소식을 날마다 전파하라. 그의 영광을 온 세계에 선포하고 그가 행하시는 놀라운 일을 모든 민족에게 말하라"(시 96:2-3, 현대).

우리는 우리가 가진 소망을 나눠야 합니다. 성경은 우리의 소망을 나누라고 합니다. 신앙은 믿음이기 때문입니다. 소망은 믿음의 은사입니다. 여러분의 삶 속에서의 변화를 나누십시오. 사람들은 여러분이 크리스천이든 아니든 상관하지 않습니다. 그들은 여러분이 어떻게 크리스천이 되었는지에 앞서 왜 크리스천이 되었는지, 어떤 변화가 있었는지를 그저 알고 싶을 뿐입니다. 그리고 '나의 문제점을 해결할 방도가 있는가?', '크리스천이 되면 어떤 이점이 있는가?', '목적은?' 이런 생각을 합니다. 그들에게 여러분들의 소망을 나누십시오.

II. 개인 간증은 어떻게 구성됩니까?

> **인도자를 위한 팁**
>
> 새들백 교회는 간증의 교회라고 할 정도로 거의 모든 예배 시간에 간증시간이 포함된다. 401과정 담당 목사에게 지도를 받은 간증자들은 '3분 간증'을 한다. 3분을 넘기는 경우는 거의 없다(33페이지의 간증 피라미드를 참고하라). 새들백 교회의 간증 훈련 내용이 지금 우리가 다루고자 하는 것이다.
>
> 이 내용은 그리스도를 영접하는 세 가지의 상황을 설정하고, 그것을 기초로 해서 간증의 기록 방법에 대해 논의하는 방식으로 진행된다.
>
> 세 가지 상황은 첫째, 성인이 되어서 예수님을 영접했을 경우. 둘째, 어릴 때 예수님을 영접하고 험악한 세상풍파에 시달리다가 주님에게 돌아온 경우. 셋째, 젊어서 혹은 어린 나이에 주님을 영접하고 계속해서 신앙생활을 한 경우다. 언제, 어디서, 어떻게, 주님을 영접했느냐에 따라서 서로 다른 증거를 갖는다.

1. 어른이 된 이후에 그리스도를 영접한 경우

여러분이 성인이 되어서 예수님을 영접했다면, 네 부분으로 간증을 구성할 수 있습니다.

> **인도자를 위한 팁**
>
> 보통의 간증을 분석해 보면, 크게 세 가지 내용으로 구성되었다는 것을 발견할 수 있다.
> ① 그리스도를 영접하기 전에 얼마나 비참한 인생이었는지.
> ② 그리스도를 만나게 된 이야기.
> ③ 그리스도를 영접하고 삶이 어떻게 변화되었는지.
> 그러나 새들백 교회의 간증은 네 가지 내용으로 구성된다.

> '그리스도를 만나게 된 이야기'를 두 가지로 구분지어 설명하는 데에서 차이가 난다.
> ① 그리스도가 필요하다고 깨닫게 된 동기를 설명함.
> ② 그리스도께 자신의 삶을 헌신하게 된 동기를 설명함.
> '내용'에서는 작은 차이지만 간증의 '효과' 면에서는 큰 차이가 난다.

1) 그리스도를 만나기 <u>전</u>의 나의 삶

① 그 당시 어떤 상황이 불신자들과 공감대를 형성할 수 있습니까?
② 그 당시 가졌던 어떤 인생 자세들이 불신자들과 공감대를 형성할 수 있습니까?
③ 그 당시 당신에게 무엇이 가장 중요했었습니까?
④ 하나님 대신에 어떤 것들을 통해 삶의 의미를 찾으려고 했습니까?(스포츠, 건강관리, 직장에서의 성공, 결혼, 성, 돈 버는 것, 마약이나 술, 오락, 인기, 취미 등)

2) 그리스도가 필요하다고 <u>깨닫게</u> 된 동기

① 어떤 중요한 단계들이 여러분으로 하여금 예수님을 믿도록 결심하게 했습니까?
② 하나님을 의지하지 않고 사는 당신의 삶에 대해 어떤 필요, 상처 혹은 문제들이 불만을 갖게 했습니까?
③ 어떻게 해서 당신은 하나님께 주목하게 되었습니까? 특별한 동기가 있었습니까?

이 내용에 해당하는 다른 종류의 질문들이 있을 수 있습니다. 여러분의 상황을 반전시킨 위기는 무엇이었습니까? 여러분은 서서히 단계적으로 주님께 나갔습니까? 아니면 예상치 못했던 사건으로 주님을 만나게 됐습니까? 하나님은 어떻게 여러분의 주의를 끌었습니까? 이것

이 여러분 간증의 일부분입니다. 결국 한마디로 '당신은 무엇 때문에 크리스천이 되었습니까?'라는 질문에 답하는 과정입니다.

3) 그리스도께 내 삶을 헌신한 동기

① 구체적으로 어떤 특별한 사건이 있었습니까? 어디에서 그런 일이 일어났습니까?
② 그때 당신은 어떻게 기도드렸습니까? 구체적으로 말해 보십시오.

이 자리에 계신 여러분들은 돌연히 크리스천으로 변한 자신의 모습을 발견할 수 있을 것입니다. 언제 비기독교인과 기독교인 사이의 경계선을 넘었습니까? 그날이 언제였는지 모를 수도 있습니다. 상관하지 마십시오. 우리는 지금 간증하는 방법을 이야기하고 있습니다. 여러분의 마음을 자세히 들여다보면 여러분이 크리스천이 된 중요한 계기가 있습니다. 날짜를 알고 모르는 것과는 상관없습니다.

4) 그리스도께서 내 인생에 주신 변화들

① 당신은 어떤 유익을 얻었습니까?
② 어떤 문제들이 해결되었습니까?
④ 예수님께서는 당신이 변화되도록 어떤 도움을 주셨습니까?
⑤ 당신의 이런 변화가 인간관계에 어떤 도움을 주었습니까?
⑥ 가장 최근의 실례를 들어 설명해 보십시오.

2. 낙심했거나 형식적인 신앙생활을 하다가 재헌신한 경우

> **인도자를 위한 팁**
>
> 이 경우는 '어른이 된 이후에 그리스도를 영접한 경우'와 같이 네 단계로 간증하되, 다시 그분께 돌아오는 시점부터 시작하도록 지도하라. 그리스도 없이 자신의 필요를 충족시키려 했으나 실패했

던 예를 들 수 있을 것이다. 그리고 자신의 삶에 그리스도가 필요하다는 것을 무슨 계기로 인식하게 됐는지, 어떻게 주님을 의탁하게 됐는지 이야기한다. 그리고 간증을 할 때, 현재 자신이 필요한 부분을 예수님이 어떻게 충족시켜 주시는지 얘기하도록 지도하라.

어렸을 때 또는 과거에 그리스도인이었지만, 신앙에서 떠나 있다가 뜻있는 '재헌신'을 한 경우, 혹은 믿음이 자라지 못하고 있다가 뜻있는 '재헌신'을 한 경우에는 "나의 재헌신"에 우선순위를 두고 다음과 같은 네 단계 순서를 사용합니다.

1) 그리스도와 상관없이 당신의 필요를 채우려 했지만 이루지 못했던 과거 실례를 소개합니다.
2) 당신의 삶에 그리스도께서 함께해 주셔야 하는 것을 어떻게 느끼게 되었는지 나눕니다.
3) 어떤 식으로 그리스도께 당신을 재헌신했는지 표현합니다.
4) 예수님께서 어떻게 현재 당신 삶의 큰 필요를 채우고 계시는지 나눕니다.

3. 어렸을 때 그리스도를 믿은 후 탈선하지 않은 경우

인도자를 위한 팁

이 경우는 '어른이 된 이후에 그리스도를 영접한 경우'와 같이 네 단계로 간증하되, 변동 사항을 잘 고려해서 그리스도께서 현재의 자신의 삶에 큰 필요를 채우시는 분임을 강조하면 된다. 34페이지에 나와 있는 간증 주제의 예를 참고하라. 많은 사람들이 이러한 문제를 안고 살아간다. 그들과 간증자들이 동일한 아픔을 나누는 것이다.

같은 네 단계 순서를 사용하면서 다음과 같이 변화를 줍니다.

1) 여러분이 보기에 모든 사람들이 얻으려고 노력하는 간절한 필요나, 해결하려고 애쓰는 삶의 공통된 경험을 나누십시오.
2) 당신의 삶 속에는 왜 그런 문제가 없었는지를 어릴 때부터 그리스도를 신뢰했기 때문이라는 사실에 비추어 진솔하게 나누십시오(그리스도를 신뢰했던 당시의 나이 등은 정확히 말하지 않아도 됩니다).

만약 여러분이 "전 21살 때 그리스도를 영접했습니다"라고 말한다면, 17살의 청소년들은 "우와! 난 4년이나 남았어요!"라고 말할 것입니다. 반대로 "전 9살 때 그리스도를 영접했습니다"라고 한다면 사람들은 "당신은 그때 너무 어려서 뭘 하고 있는지 몰랐을 것입니다"라고 말할 것입니다. 정확한 시간을 말하지 않아도 됩니다. 말하지 않아도 큰 차이가 없습니다. 중요한 것은 지금 여러분 삶이 어떻게 변했는가 하는 것입니다.

3) 어떤 식으로 그리스도께 당신을 헌신했는지 표현하십시오.
4) 예수님께서 어떻게 현재 당신 삶의 큰 필요들을 채우시고 계시는지 나누십시오.

33페이지의 도표는 '간증 피라미드'입니다. 1분 30초에서 3분 정도의 길이로 간증합니다. 효과적인 간증은 길어서는 안 됩니다. 여러분이 크리스천이 아니었을 때처럼, 사람들은 짧은 간증을 좋아합니다. 우리가 들어온 간증 중 90퍼센트는 그들이 크리스천이 되기 전 이야기로 채워져 있을 것입니다. 예를 들면, 나쁜 일, 추잡한 일, 범죄 같은 것들입니다. 그리고 크리스천이 된 후의 일에 대해선 다음과 같이 짧게 말을 합니다. "지금 나는 구원받았습니다! 감사합니다!" 이것은 간증이 아닙니다. 허풍이고 자랑입니다.

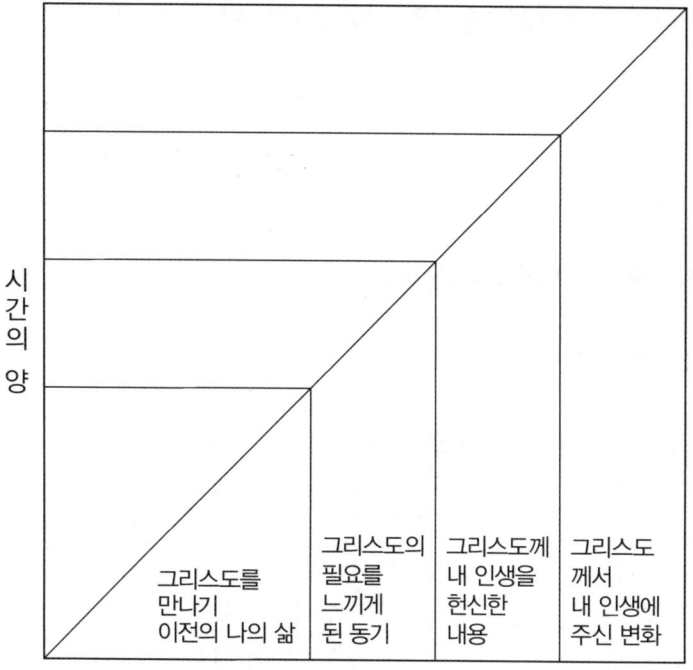

간증 피라미드

첫 번째 단계의 목적은 여러분이 다른 사람과 다르지 않음을 말하는 것입니다. 여러분은 자신이 평범한 환경에 있었다고 말하고, 다른 불신자들과 마음을 공유하도록 노력해야 합니다. 두 번째 단계에서는 그리스도가 왜 필요하게 됐는지 상황을 이야기하십시오. 그리고 세 번째 단계에서는 여러분의 삶을 어떻게 그리스도께 의탁하게 됐는지 이야기하십시오. 그리고 네 번째 마지막 단계에서는 여러분이 주님을 영접해서 생긴 삶의 변화에 대해서 이야기하십시오. 이 부분에 많은 시간을 할애해야 합니다. 첫 단계에서 조금씩 단계가 높아질수록 시간을 많이 할애하는 방식이 좋습니다.

III. 어떻게 개인 간증을 준비합니까?

하나님이 여러분의 삶에 주신 환경을 가지고 다른 사람을 도울 수 있다고 확신하십시오. 이것이 여러분 삶에 주어진 첫 번째 사명의 단계를 시작하는 방법입니다.

1. 먼저 간증할 주제를 찾으십시오.

1) 간증 주제의 예

그리스도와 함께하기 전의 삶	그리스도와 함께한 이후의 삶
☐ 걱정/불안	내적 평안
☐ 죄책감/수치심	용서
☐ 화/성질	자제, 인내, 사랑
☐ 허무감/목적 상실	목적이 이끄는 삶
☐ 큰 슬픔	마음의 평안과 기쁨
☐ 스트레스/기력 쇠진	삶을 위한 에너지
☐ 낮은 자존심	하나님에게 소중함
☐ 안 좋은 건강	힘차게 솟아나는 체력
☐ 실망	그분의 좋은 계획을 신뢰함
☐ 불안정	확실성과 안전성
☐ 후회	삶에서 누리는 두 번째 기회
☐ 불만족/일 중독	만족과 평안
☐ 두려움	두려움과 맞서 이기는 믿음
☐ 외로움	언제나 나와 함께하시는 하나님
☐ 중독/해로운 버릇	변화할 수 있는 능력
☐ 자기중심	다른 사람들을 위한 사랑
☐ 절망/우울	삶을 위한 희망
☐ 저속한 스릴	실제적이고 지속적인 기쁨
☐ 인생의 권태로움	하나님과 함께하는 대담한 계획과 행동
☐ 죽음에 대한 공포	하나님 나라에 대한 믿음

- ☐ 상실감   성취감
- ☐ 쓰라림과 원망   나의 과거로부터의 자유
- ☐ 거절당한 아픔   하나님의 무조건적 사랑
- ☐ 결혼 생활에서의 문제들   나의 결혼 생활에서의 긍정적 변화들
- ☐ 경제 생활에서의 문제들   나의 경제 생활에서의 긍정적 변화들
- ☐ 사업 활동에서의 문제   나의 사업 활동에서의 긍정적 변화들

하나님은 당신에게 삶의 여러 경험을 허락하십니다. 우리는 이런 경험을 통해 그리스도를 필요로 하는 다른 사람들과 관계 맺을 수 있습니다.

이 세상에는 온갖 문제를 가진 다양한 사람들이 있습니다. 그래서 하나님께서는 온갖 문제를 경험한 크리스천을 사용하셔서 불신자와 관계를 맺고, 그리스도를 나눌 수 있도록 하십니다.

  이렇게 상상해 보십시오. 당신에게 오토바이 사고를 당한 친구가 있습니다. 그런데 오토바이 사고를 당한 또 다른 사람이 있습니다. 당신은 그에게 자신의 간증은 할 수 없지만, 다른 사람의 간증을 해 줄 수 있습니다. "제 친구 한 명이 있습니다. 그에게 무슨 일이 일어났냐면… 그래서 그 친구는 그리스도를 찾을 수 있었습니다." 아마도 오토바이 사고를 당한 그 사람은 그리스도를 영접할지도 모릅니다.

  친구에게 이 얘기를 한다면 그 친구 또한 감동을 다시 느낄 것입니다. "이봐 친구! 내가 너의 이야기를 어떤 사람에게 했는데 그 사람이 너의 간증을 듣고 그리스도를 영접했어." 멋진 얘기가 아닙니까? 당신의 이야기를 전해 들은 사람이 그리스도의 품에 안겼다고 상상해 보십시오.

> **새들백 이야기 :**
> 새들백 교회는 간증 시간을 자주 갖는 것이 특징입니다. 매주 주일 아침마다 이런 시간을 갖습니다. 성도들이 불신자들에게 간증할 수 있는 확신을 얻기 원한다면, 먼저 크리스천과 나누어 보게 합니다. 새들백 교회는 항상 사람들을 도울 수 있는 이야기를 찾고 있습니다. 주말예배, 주중예배의 간증이나 또는 인터넷에서 그

> 런 이야기들을 모아 데이터베이스를 만들었습니다. 만약 어떤 사람이 "제 친구가 불임을 겪고 있는데요. 혹시 불임을 경험한 분을 아시나요?"라고 묻는다면 수백 명이 대답할 것입니다. 우리는 큰 슬픔으로, 마약과 술, 동성애, 독신 생활로, 스트레스로, 성공으로, 실패로 힘들어하는 사람들을 압니다. 이렇게 새들백 교회는 간증에 관한 데이터베이스를 만들어서 활용하고 있습니다.

2) 간증할 대상과 공감대를 형성할 수 있는 간증 주제를 선택하십시오.

① 당신의 간증을 들을 사람과 가장 잘 어울리는 간증 주제를 선택하십시오.
② 당신은 한 가지 이상의 간증을 가지고 있다는 사실을 기억하십시오.
③ 다른 상황들은 여러 다른 간증들이 생겨나게 해줍니다.
④ 당신은 당신뿐만 아니라 다른 사람들의 삶이 변화된 이야기도 할 수 있습니다. 아울러 당신이 속한 소그룹의 지체들은 당신의 간증을 다른 사람들과 나눌 수 있습니다.

여러분은 자신의 간증만 할 수 있는 것이 아닙니다. 다른 사람의 간증을 나눌 수 있습니다. 여러분들도 소그룹으로 모여 서로 간증을 나누며 서로에 대해 알아가길 원합니다.

⑤ 너무 노골적인 신앙적 용어나, 너무 오래 써서 습관적으로 사용하는 신앙적 표현들을 삼가도록 합니다.
⑥ 다음과 같이 질문해 보십시오. "내가 만약 불신자라면 이 간증이 내게 의미 있게 들리겠는가?"

3) 여러분은 아래와 같은 상황 가운데 어떤 상황을 만난 사람에게라도 예수님께서 당신을 도우신 것을 간증해 줄 수 있습니까?

여러분이 간증할 내용이 긍정적인 사건일 수도 있고, 부정적인 사건일 수도 있습니다. 어떤 상황이든 둘 중 하나입니다.

① 긍정적 주제
  입양, 나쁜 습관을 없앰, 경제적 이득, 자녀 양육, 더 견고해지거나 회복된 결혼 생활, 기다리던 아기 출산, 새로운 사업, 새로운 친구, 새 집, 결혼/재혼, 새 직장, 성공, 다시 시작된 사랑, 회복된 인간관계 등

② 위기와 관련된 주제
  학대, 사고, 중독, 낙태, 파산, 깨진 꿈, 소화불량, 죽음, 우울증, 질병, 차별, 이혼, 경제적 문제, 불임, 근친상간, 감옥에 투옥됨, 강간, 수술 등

2. 대상에 따라 기독교적인 표현을 바꾸십시오.

종교적 용어나 판에 박힌 듯한 말들, 개론적 이야기들은 피하십시오. "만약 내가 불신자라면 이 말들이 이해가 될까?" 스스로 자문해 보십시오. 생활 속에서 수백 개의 간증을 듣고 읽은 후, 간증의 문제점을 발견했습니다. 바로 불신자들이 결코 이해할 수 없는 오래된 크리스천들만의 용어를 사용해 간증한다는 것입니다.

그리스도인에게 익숙한 표현	구도자/불신자에게 말할 때 사용할 표현

그리스도인에게 익숙한 표현을 구도자/불신자에게 말할 때는 실생활 용어로 바꾸십시오.

▫ "복된"   "행복한"

"저는 복된 삶을 살았습니다"라고 표현하지 마십시오. 이 말이 믿지

않는 사람들에게 무슨 의미가 있습니까? 복(은총)이 무엇인지 설명할 수 있습니까? "저는 행복했습니다"라고 말하십시오.

- "저는 거듭났습니다."　　　　"저는 새롭고 신선한 출발을
　　　　　　　　　　　　　　　하게 되었습니다."

"저는 거듭났습니다"라고 표현하지 마십시오. 그들은 "환생했습니까?"라고 질문할 수 있습니다. "저는 새 생활을 시작했습니다", "저는 새롭고 신선한 출발을 하게 되었습니다"라고 말하십시오.

- "저는 구원받았습니다."　　　"제 인생은 그 순간 변화되었습
　　　　　　　　　　　　　　　니다."

"저는 구원받았습니다"고 표현하지 마십시오. "물에 빠졌었습니까?"라고 질문할 수도 있습니다. "제 인생은 그 순간부터 변했습니다"라고 말하십시오.

- "예수님은 저의 주님이십니다."　"그분은 제 인생의 매니저/
　　　　　　　　　　　　　　　　지도자가 되십니다."
　　　　　　　　　　　　　　　　"저는 예수님을 제 인생의
　　　　　　　　　　　　　　　　운전자로 모셨습니다."

"예수님은 나의 주"(Jesus is my Lord)라는 말조차도 사람들은 이해하지 못합니다. 우리는 봉건사회가 아닌 민주사회에 살고 있습니다. 현대 사회엔 영주, 귀부인, 왕과 여왕, 양반과 가신 및 노예들이 없습니다. "주인님"(my Lord)라고 표현하지 마십시오. "예수는 나의 주"라는 표현 대신 "그분은 내 삶의 지배인" 또는 "최고 경영자"(CEO)라고 말하십시오.

- "저는 회개했습니다."　　　　"저는 생각을 바꾸었습니다"
　　　　　　　　　　　　　　　(정신적인 유턴을 한 것이죠).

"저는 회개했습니다"라는 표현을 하지 마십시오. "저는 마음을 바꿨습니다" 또는 "저는 정신을 유턴(U-turn)했습니다"라고 말하십시오. '유턴'이라는 말은 정신을 바꾼다는 의미의 그리스어 '메타노이아'와 같은 뜻입니다.

ㅁ "저는 죄를 범했습니다."   "저는 제가 그런 나쁜 짓을 했다는 것을 알게 되었습니다."

"저는 죄를 범했습니다"라는 표현도 하지 마십시오. 사람마다 가지고 있는 범죄에 대한 정의가 다르기 때문입니다. 어떤 사람은 국기에 대하여 경례하지 않는 것을 범죄라고 합니다.

ㅁ "모든 사람들이 죄인입니다."   "그 누구도 완전하지 않습니다."

"모든 사람은 죄인입니다"라는 말 대신 "완전한 사람은 없습니다"라고 말하십시오. 만일 여러분이 어떤 사람에게 죄인이라고 하면 그 말에 거부감을 나타낼 것입니다.

불신자에게 간증할 때 피할 표현들

"저는 …때문에 주님을 찬양합니다."
"지금 저는 은혜를 충만히 받았습니다."
"할렐루야!" "아멘"
"그것은 주님께 영광이 되었습니다."
"저는 제 죄를 깨닫게 되었습니다."
그리고, "결코 다른 교회나 교단을 비난하지 마세요!"

간증을 가장 효과적으로 인도하는 방법은 무엇이겠습니까? 정해진 최선의 방법은 없습니다. 환경에 따라 각각 다릅니다. 중요한 것은 몇몇 용어를 사용해서 정말 들어야 할 중요한 영적인 고백을 듣지 못하게 해서는 안 됩니다.

3. 간증을 위한 지침

간증을 준비하는 데 몇 가지 제안을 하겠습니다. 간증을 하기 전에 다음의 것들을 먼저 하시기 바랍니다.

1) 하나님께 기도드리면서 적절한 말이 생각나게 해달라고 간구하세요.
2) 간증 내용을 종이에 쓰세요. 하나님께서는 이렇게 준비하는 것을 귀하게 보십니다.
3) 간략하고 명확하게 쓰세요. 글 쓰는 목표를 잃지 않도록 하세요.
4) 간결하게 쓰세요. 과장이나 불필요한 구체적 내용들을 피하세요.

짧게 하고 요점을 잡으십시오. 목표를 잊으면 안 됩니다. 어떤 사람들은 아주 자세한 이야기까지 합니다. "내 기억으론 아마 8년 전이나 9년 전일 거야. 아니, 8년이야. 왜냐하면 그날 내가 머리를 잘랐거든. 8월 아니면 7월이야. 30도의 더운 날씨였어"라고 말입니다. 간명하게 요점만 이야기하십시오. 여러 마리의 토끼를 잡지 마십시오.

5) 3분 안에 간증이 이뤄지게 하세요.

범주를 넘거나 불필요한 구체적 내용을 피하고 3분 이내에 간증을 마치시길 바랍니다.

6) 대부분의 사람들이 공통적으로 경험하는 것들을 사용하세요.

예를 들면 이렇습니다. "삶의 속도는 점점 빨라지는 것 같습니다." 여기에 동의하지 않는 사람도 있습니다. "삶이란 때로는 매우 복잡합니다. 삶이란 항상 우리가 계획하고 기대한 대로 되지 않는군요" 같이 누구나 공감할 수 있는 이야기를 해야 합니다.

7) 듣는 사람이 공감할 수 있도록 당신의 인생 가운데서 한 부분을 나누세요.

만약 여러분이 테러리스트에게 공중납치를 당했더라도 그런 내용을 간증하지 마십시오. 테러리스트에게 공중납치 당했던 경험을 한 사람들은 드뭅니다. 여러분의 삶에서 사람들이 공감할 수 있는 부분을 나누십시오.

8) 당신이 현재도 싸워나가는 모습에 대해 솔직하세요. 당신의 삶은 완전하지 않습니다.
9) 당신이 예수 믿을 때 모든 문제들이 다 해결되었다는 식으로 말하지 마세요.

"이제 저는 크리스천이고 제 삶은 완벽합니다. 모두가 저를 사랑하며 저는 행복합니다." 사람들은 이 말을 믿지 않으며, 여러분 또한 이 말이 진실이 아니란 것을 알고 있습니다. 크리스천이 된다고 해서 모든 문제가 해결된다는 식의 인식을 주지 마십시오.

10) 넷째 부분(그리스도께서 내 인생에 주신 변화)에서 가장 많은 시간을 쓰도록 하세요.
11) 당신이 그리스도를 영접하게 된 이유와 그 유익을 강조하세요.
12) 당신이 죽은 후 갈 곳이 분명하다는 사실이 주는 유익에 대해 말하세요.

각자 다른 유익을 좇아 그리스도께 온 다양한 이유가 있다 해도 모든 사람들은 죽은 후에 어디로 가는지 확실히 알기 원합니다. 모든 사람이 보편적으로 알고 싶어 하는 일이기 때문입니다.

13) 당신이 예수 믿기 전에 지었던 죄들에 대해 과장하거나 뽐내듯 말하지 마세요.

"이해합니다. 나도 한때는 치사량의 진통제를 복용한 적이 있습니다." 등의 말로 마약중독자에게 말하듯 하지 마십시오.

14) 다른 종교나 사람들에 대해 부정적인 언급을 하지 마세요.
15) 특정 교단에 대해 언급하지 마세요.

"가톨릭은 종파가 둘인데, 하나는 천당행을 확실히 믿는 파이고, 다른 하나는 그렇지 않거든. 당신은 어느 쪽이야?" 또는 "침례교는 두 파가 있는데, 한쪽은 천국 입성을 확신하는 파이고, 하나는 확신을 갖지 못하는 파거든. 당신은 어느 쪽이야?" 또는 "유대인들은 두 부류가 있거든. 한쪽은 천국 입성을 확신하는 파이고, 하나는 확신을 갖지 못하는 파인데 당신은 어느 쪽이야?" 하는 이런 일에 열중하지 마십시오. 원래의 논제로 돌아가십시오.

16) 성경말씀을 너무 많이 인용하지 마세요(한두 절 정도면 좋습니다).

설교가 아니라 간증입니다. 만약 여러분을 토크쇼에 초대한다면 성경을 가져오지 말라고 할 것입니다. 그들은 성경에 관심이 없습니다. 여러분은 여러분의 간증만 하면 됩니다.

17) 사람들이 묻지도 않은 질문들에 대답하려 하지 마세요.
18) 당신의 삶에서 일어난 변화들에 대해 구체적 실례를 들어가며 말하세요.
19) 당신이 구체적으로 말할수록 당신의 간증은 더욱 힘이 있게 됩니다.
20) 날짜, 이름, 나이를 언급하지 마세요. 듣는 사람들에게 중요하지 않습니다.
21) 간증 내용을 자연스럽게 느끼며 말할 수 있도록 연습하며 준비하세요.
22) 간증문을 큰 소리로 읽어 보면서 대화 스타일로 말투를 교정하세요.
23) 친구에게 읽어 보도록 부탁하고 조언을 하게 하세요.
24) 일상적이고 비형식적이고 실제적인 음성과 어조로 당신의 간증을 말하도록 하세요.
25) 당신의 이야기를 극적으로 각색하거나 멋지게 꾸미려고 애쓰지 마세요.

26) 신비한 경험을 나누지 마세요. 당신의 수준이 아닌 듣는 불신자의 수준에서 말하세요.

여러분에게는 진짜 기적일지라도 신비스러운 경험을 얘기하지 마십시오. 신비한 경험으로 시작할 경우 용두사미가 될 수 있으며 듣는 사람들은 거부감을 가질 수 있습니다.

27) 사람들을 낮춰보며 말하지 마세요. 설교하듯이 들리지 않게 하세요.
28) "제가, 저를, 저의" 같은 표현을 사용하며, "여러분" 등의 대상을 지칭하는 말들을 삼가세요. 간증은 당신에 관한 것이지 그들에 관한 것이 아닙니다.
29) 유머를 사용하세요. 유머는 긴장을 완화시키고 사람들을 편하게 해줍니다. 미소를 지으세요!
30) 핵심 주제를 선택하여 간증하세요("간증 주제의 예"에 나와 있는 목록을 참조하세요).

4. 간증하는 방법

지금까지는 간증의 실제를 이야기했습니다. 이제 성경에 근거해서 간증하는 방법을 살펴보려고 합니다. 이 13가지의 내용은 간증에 임하는 우리의 마음을 든든하게 해 줄 것입니다.

1) 당신이 증인으로서 가진 개인적인 스타일을 사용합니다.

〈301과정〉을 통해서 우리는 우리의 '형상'(S.H.A.P.E.)을 파악했습니다. 사역에 임할 때에만 참고할 내용이 아니라, 우리의 인생 사명을 감당할 때에도 이 '형상'(S.H.A.P.E.)을 활용하는 것은 유용합니다. 다시 한 번 여러분의 '형상'(S.H.A.P.E.)을 점검해 보시고 간증을 준비하시기 바랍니다.

① 당신의 '형상'(S.H.A.P.E.)은 교회 안에서 당신의 사역만을 결정해 주는 것이 아닙니다. 그것은 세상에서 당신의 인생 사명을 실행하는 스타일에도 영향을 줍니다.

영적 은사(**S**piritual Gifts)　　[고전 12장; 롬 8장; 엡 4장]
마음(**H**eart)　　　　　　　　[마 12:34; 잠 4:23; 시 37:4]
능력(**A**bilities)　　　　　　　[출 31:3; 고전 12:5]
성격(**P**ersonality)　　　　　　[고전 2:11, LB]
경험(**E**xperiences)　　　　　　[고후 1:4; 롬 8:28]

② 우뇌는 감성을 좌우합니다(개인적인 경험을 더 강조합니다).:
"네 마음을 다하고"
좌뇌는 이성을 좌우합니다(사실과 성경말씀을 더 강조합니다).:
"네 생각을 다하여"

사람들은 위의 두 가지 스타일을 모두 다 필요로 합니다.

③ 증인의 스타일
　- 섬김의 스타일　　- 지성적 스타일
　- 초대적 스타일　　- 간증적 스타일
　- 문서적 스타일　　- 대결적 스타일

인도자를 위한 팁

- **섬김의 스타일** : 평소 삶에서 섬기는 그리스도의 모습을 보여 주며 자연스럽게 복음을 증거하는 스타일.
- **지성적 스타일** : 성경적 지식뿐 아니라 사회, 역사, 경제적 다양한 지식을 동원해서 복음의 진리를 변호하는 스타일.
- **초대적 스타일** : 자신이 직접 복음의 내용을 전달할 자신은 없지만, 복음의 내용이 있는 곳으로 사람들을 초대하기를 좋아하는 스타일.

- 간증적 스타일 : 대중 앞에서, 개인적인 만남에서 혹은 전화 통화를 하면서 삶에 일어난 하나님의 은혜를 나누기를 좋아하는 스타일.
- 문서적 스타일 : 말로 표현하는 것에는 약하지만, 글로 복음을 이해하기 쉽게 잘 표현하는 스타일.
- 대결적 스타일 : 단도직입적으로 복음을 설명하거나 논쟁과 토론을 통해서 증거하는 것을 좋아하는 스타일.

※ 당신이 자연스럽게 사용하지 않는 스타일들에 대해 죄책감을 느끼지 마세요!
※ 아울러, 당신의 스타일을 사용하지 않는 다른 사람들을 판단하지 마세요!

2) 간증하려는 내용 전체를 미리 생각해 보십시오.

앞에서 살펴본 '간증 피라미드'를 생각하면서 전체적인 그림을 그리고 간증하십시오. 기록한 '간증문'에 숫자를 기입하여 시간을 측정해 보는 것도 좋은 방법입니다.

"너희 말을 항상 은혜 가운데서 소금으로 맛을 냄과 같이 하라 그리하면 각 사람에게 마땅히 대답할 것을 알리라"(골 4:6).

"마음이 지혜로운 사람은 말을 신중하게 하고, 하는 말에 설득력이 있다"(잠 16:23, 새번역).

3) 적절한 단어를 사용해 간증하도록 하나님께 간구하십시오.

우리가 아무리 잘 준비했더라도 성령의 도우심을 구하는 것을 가볍게 여기지 마십시오. 우리의 연약함을 도우실 성령 하나님을 의지하시고 간절히 기도하십시오. 담대함을 주실 것입니다.

"또 나를 위하여 구할 것은 내게 말씀을 주사 나로 입을 열어 복음의 비밀을 담대히 알리게 하옵소서 할 것이니"(엡 6:19).

4) 사랑을 나타내십시오.

표정과 몸짓 그리고 말투에 우리의 감정이 나타나게 됩니다. 우리가 간증하는 이유를 생각해 보십시오. 우리를 사랑하셔서 먼저 나를 만나 주신 주님께서 나의 간증을 통해서 듣는 사람에게 역사하실 것이라는 확신을 가지고, 그들을 주님의 마음으로 사랑하시기 바랍니다.

"내가 사람의 방언과 천사의 말을 할지라도 사랑이 없으면 소리 나는 구리와 울리는 꽹과리가 되고"(고전 13:1).

사람들은 당신이 얼마나 그들을 아끼는지 알기 전까지는 우리가 얼마나 많이 아는가에 대해서는 관심이 없습니다!

5) 긍정적이며 유쾌한 자세를 가지십시오.

하나님께서는 여러분을 귀한 사역의 도구로 사용하고 계십니다. 내가 간증을 통해서 사람을 구원한다는 부담을 가지지 말아야 합니다. 그것은 하나님께서 하실 일입니다. 담대하면서도 즐거운 마음으로 이 사역을 감당하십시오. 사역의 열매를 기대하면서 간증에 임하시기 바랍니다.

"마음이 지혜로운 사람을 명철하다 한다. 말이 부드러우면, 더욱 많은 지혜를 가르친다"(잠 16:21, 새번역).

"믿지 않는 사람들을 대할 때는 지혜롭게 행동하고 기회를 최대한 이용하십시오"(골 4:5, 현대).

"근심이 사람의 마음에 있으면 그것으로 번뇌하게 되나 선한 말은 그것을 즐겁게 하느니라"(잠 12:25).

6) 결코 비판하는 말을 하지 마십시오.

여러분의 간증을 듣는 사람들은 마치 어린아이들과 같습니다. 어머니가 아이를 대하듯이 이해하려고 하고, 그들의 반응을 경청하세요. 아직 어떻게 반응하는지도 잘 모르는 사람들입니다.

"너희 말을 항상 은혜 가운데서 소금으로 맛을 냄과 같이 하라"(골 4:6).

불신자들이 성도가 될 때까지 성도처럼 행동할 것으로 기대하지 마십시오.

7) 이야기와 실례를 들어주십시오.

그들은 책에서 읽은 이야기가 아니라 여러분의 이야기를 듣기 원합니다. 책을 참고하고 싶다면 여러분의 일기책을 사용하시기 바랍니다. 예수님께서 사용하셨던 이야기식 간증은 큰 영향력이 있습니다.

"예수께서 이 모든 것을 무리에게 비유로 말씀하시고 비유가 아니면 아무것도 말씀하지 아니하셨으니"(마 13:34).

8) 밝고 편하게 간증하십시오.

평소에 가족들과 대화하듯이 편안한 마음으로 자신의 이야기를 나누는 것이 좋습니다. 우울증으로 고민하는 사람들에게 예수님을 믿으면 긍정적인 태도를 가질 수 있다는 것을 보여 줄 수 있습니다.

"인자는 와서 먹고 마시매…"(눅 7:34).

9) 당신 자신이 되어 자연스럽게 간증하십시오. 일부러 '영적이고 거룩하게' 보이려고 애쓰지 마십시오.

여러분에게 설교자가 되어 달라고 요청하지 않습니다. 또 한 편의 설교로 청중들을 힘들게 하지 마십시오. 간증자는 자신의 역량 이상을 하도록 요청받지 않습니다. 여러분의 있는 모습 그대로 편안하게 이야기하면 됩니다. 그들의 친구가 되어 주십시오.

"형제들아 내가 너희에게 나아가 하나님의 증거를 전할 때에 말과 지혜의 아름다운 것으로 아니하였나니"(고전 2:1).

10) 약점을 감추지 말고 진솔하십시오.

자신의 약점을 말한다는 것은 쉽지 않습니다. 하지만, 모든 사람들은 약점을 가지고 있다는 것을 아시기 바랍니다. 진솔하게 자신을 오픈할 때 그 간증을 듣는 사람들의 마음도 열리게 될 것입니다.

"우리가 이같이 너희를 사모하여 하나님의 복음뿐 아니라 우리 목숨까지도 너희에게 주기를 기뻐함은 너희가 우리의 사랑하는 자 됨이라"(살전 2:8).

"고린도인들이여 너희를 향하여 우리의 입이 열리고 우리의 마음이 넓어졌으니"(고후 6:11).

11) 핵심 성경구절 몇 개를 암송하십시오.

때로는 우리의 많은 말보다 성경말씀 한 구절이 더 큰 힘을 발휘하기도 합니다. 성경구절을 암송할 때는 여러분의 삶을 통과한 말씀, 은혜를 먼저 받았던 말씀을 암송하십시오. 성경을 암송해야 한다는 강박관념에 억지로 외운 말씀을 암송하지 마십시오.

"그대는 진리의 말씀을 올바르게 가르치는 부끄러울 것 없는 일꾼으로 하나님께 인정을 받는 사람이 되기를 힘쓰십시오"(딤후 2:15, 새번역).

12) 단순하게 간증하십시오.

"뱀이 그 간계로 하와를 미혹한 것 같이 너희 마음이 그리스도를 향하는 진실함(단순함)과 깨끗함에서 떠나 부패할까 두려워하노라"(고후 11:3).

13) 성령께서 당신의 말을 사용하고 계심을 기억하십시오.

마지막으로 여러분은 성령의 도구로 사용된다는 것을 잊지 마십시오. 성령께서는 간증문을 작성할 때뿐만 아니라 여러분의 마음과 입술의 움직임에도 함께하실 것입니다.

"이는 우리 복음이 너희에게 말로만 이른 것이 아니라 또한 능력과 성령과 큰 확신으로 된 것임이라"(살전 1:5).

당신은 당신 자신의 힘으로 그 누구를 설득하는 것이 아닙니다.

5. 간증의 실례를 들으며 배우기

401과정을 가르치는 사람이 하나님의 계획 안에서 사는 자신의 삶을 이야기한 후, 다음 질문을 생각해 보십시오.

> **인도자를 위한 팁**
>
> 401과정의 담당 사역자가 직접 간증을 준비하도록 하라. 혹은 이러한 원칙에 의거해서 잘 준비된 평신도의 간증을 영상으로 혹은 실제로 준비하도록 하라. 401과정을 수강하고 있는 성도들에게도 간증을 작성하도록 권하라. 그렇게 해서 좋은 간증자를 찾으라. '목적이 이끄는 40일 캠페인' 영상자료의 간증을 참고할 수 있다.

1) 당신은 그가 하나님께서 만드신 자신의 삶의 이야기를 나눌 때 보여 준 접근 방식들 가운데서 어떤 것이 마음에 듭니까?
2) 어떤 단어와 표현이 당신의 주목을 끌었습니까?
3) 당신이 들었던 간증의 전체 주제가 무엇이라고 생각됩니까?
4) 당신이 당신의 삶 가운데서 하나님께서 만드신 이야기를 다른 사람들에게 효과적으로 전할 수 있도록 그에게서 배운 점들은 무엇입니까?

당신이 다른 사람의 간증을 듣는 가운데 당신의 이야기를 효과적으로 간증할 수 있도록 돕는 아이디어들이라고 느낀 것들을 아래에 기록해 보십시오.

_____
_____
_____

IV. 개인 간증을 기록하십시오
("부록 A"에서 "개인적인 간증하기"를 찾아 작성하세요)

_____
_____
_____
_____
_____
_____
_____
_____
_____
_____
_____
_____
_____

인도자를 위한 팁

참가자용 교재 93-96페이지의 안내에 따라 참가자들에게 간증을 기록하는 시간을 주라. 시간이 허락된다면 짝을 지어 간증하는 시간을 가진다면 위의 질문을 가지고 서로의 의견을 교환할 수도 있을 것이다.

제 2 부 : 영적 낚시꾼 되기

● 개요 :

2장 1부에서는 〈개인 간증 나누기〉에 대해서 배웠다. 2부에서는 〈영적 낚시꾼 되기〉라는 제목으로 복음(기쁜 소식)을 전하는 방식에 대해서 다룰 것이다. '영적 낚시꾼 되기'라고 이름 붙인 것은, 영을 낚는 고기잡이와 관련한 열쇠들을 살펴보기 때문이다. 사람들이 어떤 경위를 통해 주님께 오게 되는지를 보는 것이다. 그리고 하나님을 모르는 사람들과 어떻게 친해질 수 있는지, 그들을 어떻게 천국으로 인도할 수 있는지 공부할 것이다.

> "효과적인 전도의 비결은 그리스도의 메시지를 전하는 것뿐 아니라 그리스도의 방법을 따르는 것이다."
> – 릭 워렌

예수님께서 제자들에게 맨 처음 하신 말씀은 마태복음 4:19이었습니다. 이 말씀은 두 가지 중요한 점이 있습니다.

"나를 따라오라 내가 너희를 사람을 낚는 어부가 되게 하리라"(마 4:19).

(예수님을) 따르는(follow) 것과 (사람들을) 낚시(fishing)하는 것은 함께 갑니다.

복음 전도 활동은 세일즈맨이 되는 것이 아닙니다. 여러분은 그렇게 될 필요가 없습니다. 증인은 세일즈맨이 아닙니다. 굳이 비교한다면 '중매쟁이'가 되는 것과 같습니다. 사람들에게 예수님을 소개하고 그렇게 함으로써 그들이 사랑에 빠질 수 있게 하는 것입니다.

예수님은 이미 그들을 사랑하고 계십니다. 그러나 사람들은 예수님의 사랑을 거부합니다. 하지만 예수님이 얼마나 그들을 사랑하고 계시는지 비로소 깨달을 때 그들도 예수님을 사랑하게 될 것입니다.

사람들을 그리스도께 이끄는 것은 사냥이 아니라 낚시와 같습니다.

사람들에게 예수님을 소개하는 것은 '사냥'이 아니라 '낚시'와 같습니다. 예수님께서 의도적으로 낚시를 선택하셨습니다. 일반적으로 복음 전도에 대한 교육의 대부분은 사냥과 비슷합니다. 얼마나 많은 사람이 사냥을 좋아할까요? 약 5퍼센트의 사람만이 사냥을 좋아합니다. 즉 95퍼센트의 사람들은 사냥을 이해하지 못합니다. 다음은 사냥과 낚시에 대한 주목할 만한 비교입니다.

사 냥	낚 시
공격적이다.	부드럽다.
대결로 이뤄진다.	매력으로 이뤄진다.
"가서 목표물을 쏴라."	"미끼로 유혹하여 잡아라."
모두에게 통하는 한 가지 총알을 사용한다.	모든 종류의 미끼들을 사용한다.
한 번 잘 쏘면 끝이다.	물고기를 잡아끌며 "밀고 당기기"를 한다.
잘못 쏘면 사냥감이 놀라 도망간다.	한 번 이상의 기회가 있다.
사냥감은 선택의 기회가 없다.	물고기는 선택의 기회를 가진다.
잘 쏠 줄 알아야 한다.	"누구든지" 물속에 미끼를 넣을 수 있다.

예수님이 세상에 오셔서 사역할 당시에는 물고기를 잡을 때 그물만을 사용했었습니다. 그런데, 오늘날에는 다양한 방법으로 물고기를 잡습니다. 예를 들어, 수중 음파 탐지기를 장착한 어선을 사용하기도 합니다.

물고기를 잡기 위해서는 올바른 도구를 선택하는 요령과 물고기의 습성을 이해해야 합니다. 마찬가지로 영적인 낚시꾼이 되기 위해서도 같은 방법이 필요합니다. 그 방법에 대해서 알아보겠습니다.

I. 영적 낚시꾼이 되는 방법

1. 당신의 낚시터를 확인하십시오.

사도행전 1:8에서 예수님은 다음과 같이 말씀하셨습니다. 이 말씀은 우리가 무엇을 해야 하는지 알려 줄 뿐만 아니라 어디에서 해야 하는지도 알려 주고 있습니다.

> "성령이 너희에게 임하시면 너희가 권능을 받고 예루살렘과 온 유대와 사마리아와 땅끝까지 이르러 내 증인이 되리라"(행 1:8).

우선 우리는 증인이 되어야 합니다. 증인이란 자신의 경험을 다른 사람과 나누는 사람입니다. 하나님께서 내 삶에 무슨 일을 하셨는지 말하면 됩니다. 굳이 변호사가 될 필요는 없습니다. 여러분은 다른 사람과 논쟁하거나 그 사람을 설득하고 싶지 않을 것입니다. 하나님도 여러분이 다른 사람과 논쟁하길 원하지 않습니다. 여러분에게 일어난 일을 다른 사람과 나누기를 원하십니다. 이 일은 누구나 할 수 있습니다.

1) 당신이 발휘하는 영향력의 범위가 곧 "사람 낚는 당신의 낚시터"입니다.

2) 하나님께서는 당신이 이미 관계를 맺고 있는 사람들을 위한 큰 책임을 주셨습니다.

누구와 가장 먼저 시작하시겠습니까? 여러분과 제일 가까운 사람들입니다.

3) 당신은 누구로부터 시작해야 합니까?
   당신에게서 가장 <u>가까운</u> 사람들로부터 시작해야 합니다.

하나님께서는 여러분과 이미 관계를 맺고 있는 모든 사람들을 여러분에게 맡기십니다. 여러분의 가족과 친구들과 함께 시작하십시오.

예수님께서 한 사람에게 말씀하셨습니다.

"집으로 돌아가 주께서 네게 어떻게 큰일을 행하사 너를 불쌍히 여기신 것을 네 가족에게 알리라 하시니"(막 5:19).

열두 사도 중에는 친척 관계가 많았습니다. 안드레는 가서 그의 형제 베드로를 예수님께 데리고 왔습니다. 빌립은 나다나엘을 데리고 왔습니다. 형제들은 항상 같이 거기에 있었습니다. 바울은 천막 만드는 일을 동업하던 브리스가와 아굴라를 개종시켰습니다.

마태복음 9장에서 마태는 다른 세리들에게 예수님을 소개하기 위해 파티를 열었습니다. 그 또한 세리였습니다. 공인중개사나 회계사, 또는 직업이 무엇이든지 여러분의 동료들을 위해서 파티를 열 수 있을 것입니다. 여러분과 같이 일을 하고 있는 동료들, 여러분과 안면이 있는 사람들과 친척들, 그리고 여러분의 친구들을 위해서 말입니다.

여러분과 우연히 마주치는 사람들도 있습니다. 예수님이 우물에서 한 여인을 만났을 때 예수님께서는 그저 물 한 컵을 얻고자 하셨습니다. 목이 마르셨던 것입니다. 그분께서는 단지 목을 축이시려고 패스트푸드점에 잠깐 들르신 것입니다. 그녀는 혼혈아였습니다. 예수님께서는 그녀에게 물 한 잔을 부탁하셨고 그것으로 영적인 대화가 시작되었습니다.

여러분은 평범한 일상 속에서 얼마나 많은 사람들과 우연히 마주치는지 생각해 본 적이 있습니까? 여러분과 부딪히는 사람들 주유소 직원들, 식당 종업원들, 체크아웃을 해 주는 사람들, 은행 창구 직원들이 있습니다. 보통 사람은 하루에 다섯 명이나 열 명 정도를 만납니다. 잘 알고 있진 않지만 일상생활에서 잠깐 동안 마주치는 사람들도 있습니다. 여러분은 이 상황을 이용할 수 있습니다. 그리고 그들을 교회로 초대할 수 있습니다. 성경에는 여기에 관한 많은 예들이 있습니다. 빌립은 '히치하이크'를 하다가 한 남자(에티오피아 내시)와 얘기하였고 그에게 하나님을 전했습니다.

여러분과 제일 가까운 사람들부터 시작하십시오. 다른 사람들에게 초대받거나 말씀을 듣게 되어 교회로 온 사람이 아주 많습니다. 여기 있는 여러분 중 몇몇은 다른 사람들이 복음에 대해 말해 주었기 때문에 예수님을 영접하였고, 많은 사람들이 천국에 들어갈 수 있게 되었습니다.

4) 당신의 영향력 범위 안에 있는 사람들의 이름을 기록해 보세요.

여러분은 누군가에게 복음을 말해 주려고 합니까? 여러분으로 인해 천국에 가게 된 사람이 있습니까? 여러분은 어떤 사람들이 알고 있는 유일한 크리스천일 수도 있습니다. 하나님께서는 믿지 않는 사람들을 걱정하시고 그들이 하나님을 알게 하기 위해서 일부러 그 사람을 여러분 가까이에 놓아두고 계십니다. 하나님께서 걱정하시기 때문에 우리는 걱정해야 합니다. 여러분 주위에는 복음이 필요한 사람들이 꼭 있습니다. 리스트를 작성해서 초대해 보시기 바랍니다. 친구들, 이웃들, 동료들의 이름을 생각해 보십시오.

인도자를 위한 팁

① 다음에 여섯 부류의 그룹이 있다.
② 한 부류 당 세 명의 사람을 생각해 보게 하라. 그러면 18명의 명단이 생긴다.
③ 단, 두 가지 조건이 있다. 1) 그들이 걱정을 하는 사람들이며 2) 예수님을 모르는 사람들이다.
④ 18명의 명단을 놓고 함께 기도하라. "하나님 그들에게 복음을 전할 수 있는 방법을 가르쳐 주세요. 그들의 마음을 부드럽게 하시고 복음을 받아들일 수 있게 만드소서."
⑤ 다음 계획 : 만약 기도를 시작했다면 계획이 필요하지 않다. 하나님께서 그 방법을 가르쳐 주실 것이다. 하나님께서는 여러분이 기도하는 사람들의 마음을 여는 방법을 아신다.

401과정 모인 사람들이 각각 18명을 두고 기도한다고 생각해 보라. 우리의 전도를 통해서 하나님 나라가 그만큼 성장한다는 사실이 놀랍지 않은가?

관계	이름
가족(요 1:40-42)	
친척(요 1:40-42)	
가까운 친구들(요 1:43-46)	
이웃(요 4:39-42)	
직장 동료(행 18:1-4)	
길가다가 만나는 사람들(요 4:4-30)	

5) 오늘 당신의 마음에 크게 떠오르는 사람은 누구입니까?

당신이 그 사람이 알고 있는 유일한 크리스천일 수도 있다는 생각을 해 보시기 바랍니다. 그 사람에게 복음을 전하기 위해서는 여러 가지 준비가 필요합니다.

2. 당신이 정한 연못에 있는 물고기 종류에 대해 배우십시오.

여러분이 잡기를 원하는 고기의 종류가 전략의 모든 것을 결정한다는 사실을 알아야 합니다. 실제로 농어나 메기, 연어를 잡으려면 모두 서로 다른 도구, 미끼, 시기가 필요합니다. 고기를 잡는 데 '만병통치약'식의 비법은 없습니다.

"예수께서 그들의 생각을 아시고…" (마 9:4, 12:25; 막 2:8; 눅 5:22, 9:47, 11:17).

"슬기로운 자는 지식으로 행하거니와…"(잠 13:16).

1) 그 사람에 대해 알면 알수록 더 쉽게 그 사람을 움직일 수 있게 됩니다.

여러분이 그 사람에 대해서 알면 알수록 다가가기 쉬워집니다. 그래서 '당신과 가장 가까운 사람들'부터 시작해야 합니다.

2) 무엇이 그들의 관심과 필요와 상처들입니까?

그들에 대해 무엇을 알고 싶습니까? 그들의 '관심거리', '필요', 그리고 '아픔'에 대해 알아야 합니다. 예수님은 사람들이 무엇을 생각하는지 알고 있었습니다. 사람들에게 예수님이 얼마나 큰 도움을 되셨을지 의심할 여지가 없습니다. 예수님께서는 그들의 필요를 알고 계셨고, 그들의 관심거리를 알고 계셨으며, 그들의 아픔을 알고 계셨습니다.

만약 여러분이 그들에게 다가가길 원한다면 그들의 필요와 아픔 그리고 관심거리를 이해해야 합니다. 그리고 예수님께서 그 사람들의 필요와 아픔, 관심거리를 어떻게 만져 주시는지에 대해서 그들과 이야기를 나누십시오. 아무 상관이 없는 주제들을 가지고 대화하는 것과는 나눔의 질이 다르다는 것을 느끼게 될 것입니다.

> **참고 : RAS(Reticular Activating System-망상 활성화 시스템)**
>
> 인간의 뇌는 RAS(Reticular Activating System - 망상 활성화 시스템)이라고 불리는 것에 기초해서 움직입니다. 신경학 책마다 이것을 언급하고 있습니다. 당신의 뇌의 기본은 RAS입니다. 이것은 늘 일어나는 모든 자극에 의식적으로 반응하지 않게 하기 위해 하나님이 뇌에 만드신 필터입니다. 에어컨 소리가 들립니까? 사람들의 기침 소리가 들립니까? 그 소리를 듣기 위해 집중해야만 그 소리를 들을 수 있습니다. 그러나 대부분은 들리지 않습니다. 이 필터 때문입니다. 만약 당신이 모든 한숨, 소리, 맛, 냄새, 기분, 자극제에 의식적으로 반응한다면 수천 개의 자극제들로 둘러싸여 미치게 될 것입니다.
>
> 은혜로운 하나님은 우리의 마음에 필터를 주셨습니다. 우리 삶을 괴롭히는 모든 것들에 대해서 일일이 신경 쓰지 않아도 되게 하셨습니다. 사실 당신의 주의를 끄는 것은 단지 세 가지뿐입니다. 만약 당신이 부모라면, 당신은 이것에 관심이 있을 것입 것입니다. 그러나 당신이 목회자라면 설교자로서 이것에 관심이 있을 것입니다. 만약 당신이 다른 사람과 나누고자 한다면 사람

들의 관심을 끌 수 있는 이 세 가지가 무엇인지 알고 싶어 할 것입니다. RAS를 통과하는 것들이 무엇입니까?
1) 우리의 관심을 끌만큼 가치 있는 것들
2) 우리 관심을 끌만큼 우리를 위협하는 것들
3) 우리 관심을 끌만큼 독특하고 별난 것들

3) 토론해 보십시오. 요즘 우리가 사는 지역의 불신자들은 어떤 특징을 갖고 있습니까?

새들백 이야기 :

새들백 교회는 이웃의 필요와 상처 그리고 관심거리들을 찾기 위해 가가호호 방문했고 지역 사회를 조사하는 것부터 시작해서 그 사역을 시작했다. 교회에 한 번도 가본 적이 없는 사람들을 전도하기 위해서는 그들과 대화하고 어떤 종류의 교회가 되어야 하는지 알아야 했기 때문이다. 릭 워렌 목사는 12주 동안 수백 명의 사람들에게 "당신에게는 무엇이 필요합니까? 당신의 상처가 무엇입니까? 당신의 관심거리는 무엇입니까?"라고 물어보았다. 그리고 모든 대답을 받아 적었다. 그리고 그 자료를 기본으로 삼아 지역 사람들을 모델화해서 '새들백의 샘과 사만나'라고 불렀다. 그들이 바로 새들백 교회가 위치한 지역의 '전형적인 주민들의 모습'이다.(『101과정 참가자용 교재』 42페이지와 『새들백 교회 이야기』 192페이지를 참고하라).

3. 당신이 정한 연못에 있는 물고기에 맞춰 생각하고 행동하십시오.

여러분은 그들에게 다가가기 위해서 그들이 무엇을 좋아하는지 알아야 합니다. 고린도전서 9장에서 바울은 다음과 같이 말씀하십니다.

"유대인들에게는 내가 유대인과 같이 된 것은 유대인들을 얻고자 함이요 율법 아래에 있는 자들에게는 내가 율법 아래에 있지 아니하나 율법 아래 있는 자같이 된 것은 율법 아래 있는 자들을 얻고자 함이요 율법 없는 자에게는 내가 하나님께는 율법 없는 자가 아니요 도리어 그리스도의 율법 아래 있는 자이나 율법 없는 자와 같이 된 것은 율법 없는 자들을 얻고자 함이라 약한 자들에게는 내가 약한 자와 같이 된 것은 약한 자들을 얻고자 함이요 내가 여러 사람에게 내가 여러 모습이 된 것은 아무쪼록 몇 사람이라도 구원하고자 함이니 내가 복음을 위하여 모든 것을 행함은 복음에 참여하고자 함이라"(고전 9:20-23).

1) 당신은 기쁜 소식을 나누기 전에, 먼저 상대방과 당신의 공통점을 찾아야 합니다.

고린도전서 9:22, 23을 다시 한 번 보시기 바랍니다. "약한 자들에게는 내가 약한 자와 같이 된 것은 약한 자들을 얻고자 함이요 여러 사람에게 내가 여러 모습이 된 것은 아무쪼록 몇 사람이라도 구원하고자 함이니 내가 복음을 위하여 모든 것을 행함은 복음에 참여하고자 함이라"라고 말합니다. 그들과 같이 되기 위해서는 우선 공통점을 찾는 수고가 필요합니다. 다른 사람들에게 예수님에 대해서 전하고자 할 때 가장 기본적으로 알아야 합니다.

2) 당신은 그들의 마음을 움직이기 전에, 그들과 관계 맺을 수 있어야 합니다.

공통적인 연결점을 찾으시기 바랍니다. 성경은 예수님께서 그렇게 말씀하셨다고 합니다. 예수님은 불신자들이 무엇을 생각하는지를 아셨습니다(마 9:4, 12:25; 막 2:8; 눅 5:22, 9:47, 11:27 등). 예수님은 사람들이 가지고 있는 정신적 장애물을 이해하셨고, 그것들을 없애 주셨기 때문에 사람들을 효과적으로 다루실 수 있었습니다.

"이처럼 많은 이야기로 메시지를 전해 주시면서, 그들의 경험과 성숙도에 맞게 이야기를 들려주셨다"(막 4:33, 메시지신약).

48페이지 3번의 1, 2원칙을 살펴보았습니다. 다른 사람보다 그들에게 가장 쉽게 다가갈 수 있는 사람이 되기 위해서는 이 원칙을 활용해야 할 것입니다.

  그리고 여러분은 그들과 어떤 공통점이 있는지 알아야 합니다. 여러분 주위에 있는 믿지 않는 사람들과 어떤 공통점이 있는지 목록을 만드십시오. 같은 취미를 가지고 있는가? 같은 TV쇼를 좋아하는가? 같은 종류의 직업을 가지고 있는가? 우리 아이들 간에 같은 문제가 있지 않는가? 같은 나이인가? 좋아하는 음악이 같은가? 하나님이 주위 사람들과 어떤 공통점을 가지고 있는지 깨닫도록 도와주실 것입니다. 그러면 여러분은 그들을 알 수 있으며 복음을 나눌 수 있게 됩니다.

인도자를 위한 팁

조금 전 47페이지에서 '오늘 당신의 마음에 크게 떠오르는 사람'에 대해서 생각했었다. 여기서는 그 사람과 어떤 공통점이 있는지 적어 볼 것이다.

  인도자는 46페이지에서 작성한 18명의 사람들과의 공통점에 대한 목록을 만드는 것이 왜 중요한지 말해 주어야 한다.

3) 오늘 당신의 마음에 크게 떠오르는 사람과의 공통점을 적어 보십시오.

① 공통적인 경험 : _____
_____

② 공통적인 관심 : _____
_____

③ 공통적인 필요 : _____

④ 공통적인 상처 : _____

4) "영적 낚시"의 90퍼센트는 질문을 얼마나 잘하는가에 달려 있습니다. 당신의 마음에 크게 떠오르는 사람에게 따뜻한 마음을 표현하며 그와 깊이 대화할 수 있도록 이끌어 줄 수 있는 질문들을 생각해 아래에 적어 보세요.

_____
_____
_____

4. 당신이 정한 연못에 있는 물고기가 같은 시간에 배가 고픈 것이 아닙니다. 다양한 시간에 물고기를 낚으십시오.

어떤 물고기들은 아침에, 어떤 물고기들은 밤에, 또 어떤 물고기들은 낮에 배고플 수 있습니다. 간혹 어떤 물고기들은 전혀 배고프지 않을 수도 있습니다.

"믿지 않는 사람들을 대할 때는 지혜롭게 행동하고…"(골 4:5, 현대).

1) 물고기는 서로 다른 시간에 배고파합니다. 이것을 "수용성"이라고 말합니다.

이것을 수용성(Receptivity)이라고 합니다. 사람들이 얼마나 복음에 개방되어 있는지를 묻는 질문입니다.

2) 그들은 기쁜 소식에 대해 얼마만큼 마음이 열려 있습니까?

어떤 때는 사람들이 복음에 대해 열린 마음으로 받아들이기도 하고,

또 어떤 때는 전혀 그렇지 않기도 합니다. 어떤 때는 여러분과 복음에 대해 이야기할 수도 있지만, 또 어떤 때는 복음을 듣기를 꺼려할 때도 있습니다. 받아들이는 능력은 언제나 변합니다.

여러분은 사람들이 예수님을 받아들이는 과정을 이해해야 합니다. 그 사람들이 쉽게 받아들일 수 있는 사람인지, 또는 그렇지 않은 사람인지에 따라 다른 방식으로 접근해야 합니다.

3) 사람들이 그리스도를 믿는 믿음에 이르기까지 어떤 과정을 거치는지와 그들이 도달한 위치에 따라 달리 접근해야 한다는 것이 중요합니다.

4) 성경에서 영적 수용성의 정도를 암시하는 예들은 다음과 같습니다.

영적 수용성(Spiritual Receptivity)에 대해 말한 성경구절들이 있습니다.

"마음이 완악하여 공의에서 멀리 떠난 너희여 내게 들으라"(사 46:12).

여러분 주위에 하나님으로부터 멀리 떨어져 있는 사람들이 있습니다. 그들은 결단코 복음을 받아들이지 못하는 사람들입니다.

(예수님께서 한 불신자와 함께하실 때) "예수께서 그가 지혜 있게 대답함을 보시고 이르시되 네가 하나님의 나라에서 멀지 않도다 하시니"(막 12:34).

여기에 멀리 떨어져 있지 않는 한 남자가 있습니다. 그는 하나님의 왕국에 가까이 있습니다. 에베소서에서는 다음과 같이 말하고 있습니다.

"또 오셔서 먼 데 있는 너희에게 평안을 전하시고 가까운 데 있는 자들에게 평안을 전하셨으니"(엡 2:17).

"이제는 전에 멀리 있던 너희가 그리스도 예수 안에서 그리스도의 피로 가까워졌느니라"(엡 2:13).

왜 유대인들이 이방인들보다 하나님께 가까이 있다고 합니까? 그들은 수천 년 동안 성경을 가지고 있었기 때문입니다. 그들은 하나님과 함께 걷고 있었습니다. 그들은 십계명 등의 하나님의 말씀을 계속해서 들어왔습니다. 사람들은 영적으로 받아들일 준비 상태가 모두 제각각입니다.

5) 씨 뿌리는 비유도 네 종류의 수용성을 말해 줍니다(마 13).

영적 수용성의 다양성을 말해 주는 좋은 예는 씨 뿌리는 자의 비유입니다. 마태복음 13장에서 예수님께서는 한 사람이 씨를 뿌리되 거기에는 네 종류의 흙이 있다고 말씀하셨습니다.

① 길가의 딱딱한 흙 = 방어적인 마음
② 흙이 얕은 돌밭 = 충동적인 마음
③ 가시떨기 위 = 혼란스런 마음
④ 좋은 땅 = 수용적인 마음

만약 여러분이 농부라면 어디에다 씨를 뿌리겠습니까? 당연히 좋은 땅입니다. 말씀을 받아들이지 못하는 사람들에게 씨를 뿌려 시간과 노력을 낭비하고 싶지 않을 것입니다. 하나님은 사람들이 잘 받아들이도록 하실 책임이 있고, 여러분은 좋은 땅에 씨를 뿌릴 책임이 있습니다.

6) 사실 : 어떤 사람들은 금방 그리스도께 헌신하는 반면, 어떤 사람들은 그렇게 되기까지 시간이 꽤 걸립니다.

만병통치약이 없는 것처럼 모든 사람들은 각기 처한 상황과 마음 상태가 다릅니다. 따라서 그들이 그리스도께 나아갈 때 모두 똑같은 방법이 아니라 차이가 분명히 있다는 것을 인식하고 있어야 합니다.

7) 비결 : 효과적 전도란 대상자의 수용성 정도를 먼저 확인한 후, 그가 다음 단계로 나갈 수 있도록 돕는 것입니다.

예수님을 따라가서 함께 낚시하는 것입니다. 만약 당신이 낚시하지 않는다면 따르지 않는 것입니다. 예수님은 "만일 너희가 나를 따른다면, 너희는 사람을 낚는 어부가 될 것이다"라고 말씀하셨습니다. 그런데 낚시에 대한 비유를 말하면, 고기 잡는 일이 한가한 취미생활에 불과하다고 말하는 사람들이 있습니다. 그 사람들은 고기 잡는 일을 책임으로 여기지 않기 때문입니다. 하지만 기억하십시오. 고기 잡는 일은 그리스도인의 취미가 아니라 중대한 사업이요 생활양식입니다.

만약 당신이 사람 낚는 어부가 아니라면, 즉 전도하지 않는다면 당신은 예수님을 따르지 않고 있는 것입니다.

II. 사람들을 그리스도께로 이끄는 방법

51페이지에 도표가 있습니다. 이 표는 어떻게 사람들이 예수님 앞에 나왔는지 알 수 있으며 그들의 성숙 과정을 나타내고 있습니다. -6에서 시작해서 +5까지 있는데, 각 단계를 설명하겠습니다. 도표를 봐 주십시오.

1. 전도와 양육 과정의 단계

-6 자만하고, 회의적이며, 반항적이고 영적으로 무감각하다(반항적 단계).

그들은 종교에 회의적이고 반항적이며 영적으로는 무관심합니다. 우리는 이것을 반항(Resistant) 단계라고 합니다. 아는 사람 중 이런 단계에 있는 분이 있습니까? 여러분 주위에 말씀 듣기를 거부하는 사람들이 아마 있을 것입니다.

-5 삶 가운데서 채워지지 않는 필요 혹은 영적 공허를 느끼게 된다(수용적 단계).

이 단계의 사람들은 말씀을 받아들일 수 있습니다. '위기' 때문에 가능합니다. 어떤 일이 일어나서 그 세계로부터 떨어져 나가고, 그로 인해 사람들은 갑자기 만족하지 못한 욕구와 영적 공허를 깨닫게 됩니다. 그 이후에 그들은 말씀을 받아들일 수 있게 됩니다.

-4 어떤 질문과 문제에 대한 대답과 해결방안을 찾기 시작한다(탐색의 단계).

탐색 단계 혹은 구도자(Seeker) 단계입니다. 그들은 단지 조사만 합니다. 그들은 예수님 이외의 다른 것들도 살펴볼 것입니다. 단지 영적 진리를 찾을 뿐입니다.

-3 자기 자신과 성도들 사이의 차이점을 생각한다(검토의 단계).

이 단계는 검토(Consideration) 단계라고 합니다. 그들은 자신과 믿는 사람들의 차이점을 생각하기 시작합니다. 믿는 자들을 둘러보고 자신과 다르다는 것을 알아내고 무엇이 다른지 이해하기 시작합니다.

-2 왜 그리고 어떻게 그리스도인이 되는지에 대해 배운다(이해의 단계).

이 단계는 이해(Understanding) 단계입니다. 그들은 여기서 왜 크리스천이 되어야 하며 어떻게 될 수 있는지를 배웁니다.

-1 그리스도를 믿고 받아들일 준비가 된다(준비의 단계).

이 단계는 준비(Ready) 단계입니다. 과일이 익은 것입니다.
　사람들은 항상 이런 단계를 거칩니다. 여러분 주위의 모든 믿지 않는 사람들은 이 6단계 중 하나에 속해 있습니다. 멀리 있거나 중간쯤에 있을 수도 있고, 크리스천이 되는 데 아주 가까이 있을 수도 있습니다. 당신의 사명은 그들이 현재 어디쯤 있는지 알아내고 적절한 대응 방법을 취하는 것입니다.

0 새로운 출발 : 그리스도 안에서의 새로운 삶

일단 크리스천이 되면 0단계입니다. 크리스천으로 새로운 생활을 시작하면서 야구장의 내야(〈목적이 이끄는 양육〉 과정)를 돌기 시작합니다.

+1 세례(침례)를 받고 교회 가족의 일원이 된다(지체 – 101과정).
+2 영적 성숙을 위해 필요한 습관들을 키워나간다(성숙 – 201과정).
+3 하나님이 주신 형상("SHAPE")을 따라 다른 사람들을 섬긴다(사역 – 301과정).

+3단계에서 여러분은 하나님께서 주신 달란트를 이용해서 다른 사람들을 봉사를 하기 시작합니다.

+4 불신자들에게 복음을 전한다(사명 – 401과정).

+4단계에서는 믿지 않는 사람들과 복음을 나누기 시작합니다. 이것은 전도 단계이며 지금 참가자들이 하고 있는 단계입니다.

+5 하나님의 영광을 위해 인생 목적을 이루며 살아간다(찬양 – 501과정).

+5단계에서는 여러분의 모든 삶이 서로서로 조화를 이루고, 하나님의 은혜를 목표로 삼고 살아가는 시기입니다. 이것이 여러분이 하나님을 경배하는 다섯 번째 목적입니다.

> 인도자를 위한 팁
>
> **501과정**(각각의 교회에서 드리는 모든 예배를 말함)은 투수 마운드에 해당한다. 이 과정은 '예배', '찬미', '경배' 등으로 표현할 수 있다. 투수 마운드는 기본적으로 다른 베이스를 하나로 묶는 역할을 한다. 왜냐하면 멤버십, 성숙, 사역, 사명의 모든 과정은 하나님께 경배하면서 이루어야 하기 때문이다. 모든 과정은 하나님의 영광을 위해 존재하는 것이다.

여러분 주위에 있는 사람들은 그리스도와의 거리에 따라서 자신의 신앙 생활과 믿음을 각각 다르게 표현합니다. 우리는 표현을 보면서 그들이 어느 단계에 머물고 있는지 짐작해 볼 수 있습니다. 우리의 전도 대상자를 이해하기 위해서 훈련받아야 할 부분입니다.

1) 다음의 표현들은 어느 단계에서 하는 말로 들립니까?

① "종교란 나약한 사람들에게나 필요하다고 생각합니다."

-6단계. 반항(Resistant) 단계입니다.

② "제가 어떻게 하면 그리스도인이 될 수 있는지 알려 주십시오."

-1 단계. 준비(Ready) 단계입니다.

③ "요즘 저는 스트레스 때문에 미칠 지경입니다."

-5단계. 받아들일 수 있는 수용적(Receptivity) 단계입니다. 그들은 채워지지 못한 욕구와 영적인 공허함을 알게 되었습니다. 스트레스를 받고 있습니다.

④ "저는 모든 사람들이 다 천국에 살 수 있다고 생각합니다."

-6단계 또는 -2단계일 수 있습니다. 그들은 자기만족이 강하거나 신앙에 회의적이고 반항적일 수 있습니다. 또는 크리스천이 되는 방법을 배우는 -2단계에 있는 사람들일 수 있습니다. 이것은 이해로 해결할 수 있는 문제입니다. 그들의 심령이 열려 있을 수도 있으며, 참 복음을 알지 못하거나 배우지 못했거나 소홀히 하는 경우일 수도 있습니다.

⑤ "저는 영적인 것을 알기 위해 뉴 에이지 도서를 읽고 있습니다."

-4단계. 그들은 구도자들입니다. 뉴 에이지 책을 읽은 사람들은 이야기 나누기 좀 더 쉬운 사람들입니다. 그들은 복음에 대해 관심을 가지고 있으며 복음에 대해 열려 있습니다. 단지 잘못된 길을 가고 있는 것뿐입니다.

⑥ "어떻게 예수 믿는 사람들은 그처럼 행복해 보입니까?"

-3단계입니다. 그들은 자신과 크리스천과의 차이점을 알고 있습니다. 즉 검토(Consideration) 단계입니다.

2. 전도에 대한 통찰

모든 단계를 각각 다르게 다루어야 합니다. 고린도전서 3:6에서 바울은 이렇게 말합니다.

"나는 심었고 아볼로는 물을 주었으되 오직 하나님께서 자라나게 하셨나니"(고전 3:6).

바울과 아볼로는 사역대상의 수준과 단계에 따라서 그들을 다르게 대했다고 말하고 있습니다. 여러분은 사람들이 어떤 단계에 있고 그 단계가 그들에게 적절한지를 파악하고 있어야 합니다.

1) 전도란 단계를 따라 사람들을 이동시키는 과정입니다!

위에서 보듯이 복음 전도 활동은 과정이 있습니다. 다른 사람들과 복음을 나누는 것은 사람들이 한 단계씩 거치는 과정입니다. 그 과정을 기본으로 우리는 다르게 반응해야 합니다.

2) 사람들은 서로 다른 속도로 이 단계들을 따라 움직입니다.

사람들은 서로 다른 속도로 과정들을 거칩니다. 어떤 이들은 굉장히 빨리 거치지만 또 어떤 이들은 수년이 걸리기도 합니다. 사람들마다 다릅니다.

3) 사람들은 다음 단계로 움직이기 전에 종종 한 단계에서 여러 단계를 한꺼번에 건너뛰기도 합니다.

우리는 새신자들이 새신자 반에서 단계가 높은 양육반으로 올라가는 속도가 제각기 다르고, 예수님을 영접하는 순간이 너무 다양하다는 것을 알 수 있습니다.

4) 누구든지 어떤 한 단계에 박혀 버릴 수도 있습니다. 가장 큰 원인은 두려움입니다.

문제는 있습니다. 사람들이 각각의 단계를 거칠 때 문제의 벽에 부딪칠 수 있는데 이것은 두려움 때문입니다.

5) 당신이 각 단계에 맞는 도움을 제공해 주어야 합니다!

이제부터 우리는 각 단계의 사람들에게 어떻게 도움을 줄 수 있을지 간략하게 배우게 될 것입니다.

인도자를 위한 팁

> 우리가 만나는 사람들이 각각 어느 단계에 있는지 파악하는 방법을 배웠다. 우리가 각 단계를 알고 있다면, 그리고 그들의 단계에 맞게 알맞은 도움으로 섬길 수 있는 방법이 있다면 우리는 그들을 더 효과적으로 섬길 수 있을 것이다. 이제 우리는 사람들이 처한 단계에 따라 그들을 어떻게 도울 수 있는지 살펴보려고 한다.

3. 불신자들을 그리스도께로 인도하는 방법
   (각 단계에 있는 사람들을 위해 할 수 있는 일)

1) "반항적 단계"에 있는 사람들을 위해 당신이 할 수 있는 일은 무엇입니까?

이 단계(-6단계)에 있는 대부분의 사람들이 무엇이라고 말할까요? "난 멀리 떨어져 있을 것입니다. 난 아무것도 하지 않을 거예요. 그리고 날 아무도 깨지 못할 것입니다." 그들은 다음 단계가 있다는 것을 믿지 않습니다. 이때 여러분이 그들을 위해 할 수 있는 네 가지 일이 있습니다.

이들은 자만하고, 회의적이고, 반항적이며 영적으로 무감각합니다(-6).

① 이들이 수용적인 사람이 될 수 있도록 기도하십시오.

여러분은 이 단계에 있는 사람들이 가장 다루기 힘든 사람들이라고 생각할지도 모릅니다. 하지만 하나님께서 변화시키지 못할 사람이 없다는 믿음으로 그들을 대해야 합니다. 그들이 말씀을 받아들이도록 기도할 수 있습니다. 하나님께서는 그들의 마음을 부드럽게 하시기를, 그들이 말씀을 받아들이도록 기도할 때, 여러분은 적절한 때를 깨닫게 될 수도 있고, 그들이 이 모든 과정을 거치도록 참을 수 있는 인내심을 가지게 될지도 모릅니다. 여러분의 기도대로 그들의 마음이 점차 열림에 따라 여러분의 마음 또한 평안해질 것입니다. 이것이 이 단계에 있는 사람을 위해서 우리가 할 첫 번째 일입니다.

② 사랑과 섬김으로 좋은 관계를 세워 나가십시오.

그들은 여러분이 자신을 굉장히 걱정해 준다는 것을 알게 되고 신뢰하게 될 것입니다. 그들을 위해서 기도하고 난 다음에 그들과 직접 만나야 합니다. 의미 없는 만남이 아니라 그들과 진솔한 삶을 나누는 기회를 통해서 좋은 관계를 형성해야 합니다.

③ 교회가 불신자들과 관계 맺도록 도와주기위해 만든 "지역사회 초청행사"에 초대하십시오.

사람들은 편안한 분위기를 좋아하며 많이 모이기 때문에 이런 종류의 행사는 효과적입니다.

> **인도자를 위한 팁**
>
> 새들백 교회에서는 정기적으로 '섬머스 앤드'(Summer's End) 같은 재미있는 행사를 계획해서 이 단계에 있는 사람들을 초대했다. 지역 주민들에 대한 연구조사가 되어 있다면, 지역 주민들 중 불신자들이 관심을 가질 만한 행사를 기획할 수 있을 것이다.

④ 반항적인 사람들과 결코 해서는 안 되는 것 : <u>논쟁</u>

마지막 단계에서 우리는 두 가지 사항을 항상 염두에 두어야 합니다. 우선 그들과 논쟁하지 말라는 것입니다. 여러분의 좋지 않은 모습이 보인다면 복음 또한 좋지 않은 것으로 비춰지게 됩니다. 디모데후서 2:23-26에서 바울은 이렇게 말합니다.

> "어리석고 무식한 변론을 버리라 이에서 다툼이 나는 줄 앎이라 주의 종은 마땅히 다투지 아니하고 <u>모든 사람을 대하여 온유하</u>며 가르치기를 잘하며 참으며 거역하는 자를 온유함으로 훈계할지니 혹 하나님이 그들에게 회개함을 주사 진리를 알게 하실까 하며 그들로 깨어 마귀의 올무에서 벗어나 하나님께 사로잡힌 바 되어 그 뜻을 따르게 하실까 함이라"(딤후 2:23-26).

'모든 사람을 대하여 온유하며'에 밑줄 치십시오. 이러한 단계에 있는 사람을 특별히 온유하게 대해야 합니다. 절대로 논쟁을 해서는 안 됩니다.

⑤ 주목 : 우리가 "반항적"이라고 여기는 사람들은 실제로는 복음을 대할 기회가 없었거나 아니면 그들이 이해할 수 있는 방식으로 복음을 듣지 못했기 때문일 수 있습니다.

또 하나는 그들을 '이해'하려고 해야 합니다. 보통 많은 목회자들은 수많은 예배를 드렸으며 다양한 방법으로 복음을 전한다는 것을 압니다. 그러나 그들은 크리스천으로, 목회자로, 수년의 교육을 받은 사람으로 삶의 대부분을 살았기 때문에 불신자들이 무슨 말을 하는지 거의 알아듣지 못할 수 있습니다. 여러분은 망아지같이 하나님으로부터 멀리 떨어져 자신의 길을 찾으려는 사람을 알고 있을 것입니다. 그는 거기에서 무슨 일이 일어날지 모르는 것뿐입니다. 그들은 반항적인 사람들이 아니라 단지 이해가 필요한 사람들일지도 모릅니다.

2) "수용적 단계"에 있는 사람들을 위해 당신이 할 수 있는 일은 무엇입니까?

이들은 삶 가운데서 채워지지 않는 필요 혹은 영적 공허를 느끼게 됩니다(-5).

수용적 단계(-5단계)에 머물러 있는 사람들을 위해 여러분이 할 수 있는 몇 가지 사항이 있습니다.

① 이들에게 실제적인 도움을 제공하십시오.

'실질적인 방법'으로 도움을 주시기 바랍니다. 다음과 같이 말하면서 그들에게 다가가시기 바랍니다. "무엇을 도와 드릴까요? 어떤 점이 힘든지 이야기해 주시겠습니까?"

② 이들과 공통되게 느끼는 필요를 가지고 당신의 이야기를 간증하십시오.

401과정의 초반부에서 여러분이 간증을 할 수 있도록 계속해서 도움을 드렸습니다. 여기에서 그 간증을 더 발전시킬 수 있습니다. 여러분의 이야기를 이 단계에 있는 사람들과 직접 나누어야 합니다.

③ 당신이 이들을 위해 기도하고 있다는 사실을 이야기해 주십시오.

반항 단계(-6단계)에서는 우리가 그들을 위해서 기도하고 있을지라도 아무런 말도 하지 못할 것입니다. 그러나 이 단계(-5단계)는 "당신을 위해 기도하고 있습니다"라고 말할 적절한 때입니다. 그들의 얼굴을 살펴보십시오. 그들이 과거에 얼마나 강퍅했는지 얼마나 하나님과 멀리 있었는지는 상관없습니다. 단지 아주 부드럽게 그리고 진지하게 "당신을 위해 기도하겠습니다"라고 말해 보십시오. 그러면 여러분은 그들 안에 어떤 변화가 일어나는 것을 느낄 수 있을 것입니다.

④ 열린 질문을 던지십시오.
(예) "살면서 어떤 때에 하나님의 도우심이 필요하다고 느끼십니까?"

"당신의 인생 중 영적인 경험에 대해 이야기해 주시겠어요?", "지금 당신은 어디에 있습니까?" 그리고 "하나님과의 관계에서 지금 당신이 어떤 상태라고 생각합니까?" 등과 같이 그들이 영적인 내용을 담아 대답할 수 있도록 질문을 합니다.

⑤ 혹시 이들이 다음 단계를 생략하고 -2 혹은 -1단계로 갈 수 있는지 살펴보십시오.

그들과 영적인 대화를 하고 그들에게 여러분의 삶의 이야기(간증)를 했다면, 우리가 해야 할 일이 있습니다. 그들이 -2단계나 -1단계를 뛰어넘을 수 있는지 평가하기 바랍니다. 그들이 만약 -5단계에 있다면, 여러분은 지금 당장 그들이 예수님을 영접하도록 하지 않아도 됩니다. 그들에게는 3, 4단계가 더 남아 있기 때문입니다. 그들은 이 모든 것을 거친 후에야 예수님 앞에 나올지도 모릅니다. 그러나 "당

신은 영접할 수 없습니다. 두 단계 이상 남았거든요"라고 말하지 마십시오. 여러분이 결정할 때를 제대로 알도록 성경님께 도와달라고 기도하십시오. 그들은 그때 움직일 준비가 되어 있을 수도 있습니다. 이것은 아주 중요한 사항입니다. 성령에 민감할 수 있도록 기도하십시오.

⑥ "전도란 사람들이 하나님께서 그들의 삶 가운데 이미 어떻게 일하고 계시는지 발견하도록 돕는 것이다."
_ 샘 윌리암스(Sam Williams)

샘 윌리암스가 내린 복음 전도 활동의 정의입니다. 작은 도움만 받아도 하나님을 깨닫는 사람들이 있습니다. 하나님께서는 사람들의 삶 속에서 무엇인가 계속 일하고 계십니다. 복음 전도 활동은 그들이 그것을 볼 수 있도록 도와주는 것입니다. 사람들은 하나님조차 알지 못하거나 하나님께서 그들을 돌보아 주시는 유일한 분이심을 모르는 경우가 많습니다.

⑦ 무엇이 사람들로 하여금 기쁜 소식에 대해 "수용적"이 되게 하나요?
"상황의 변화"(긍정적이든 혹은 부정적이든)

사람들은 무엇 때문에 하나님을 받아들입니까? 무엇이 반항적인 태도에서 받아들이는 마음으로 바뀌게 합니까? 그것은 바로 변화입니다. 그들의 환경에 변화가 일어난 것입니다. 인생에서 변화는 필수적인 부분입니다. 그러나 동시에 모든 사람들에게 변화는 힘든 과정입니다. 변화는 인생의 한 부분이며 계속해서 일어나는 것입니다. 긍정적이거나 부정적인 것 중 하나로 나타납니다. 변화가 일어나면 그것을 받아들이는 정도의 차이가 있을 수 있습니다.

홈즈의 스트레스 측정

유명한 '홈즈의 스트레스 저울'이 있습니다. 그 저울에는 스트레스 점수가 붙어 있는데, 가령 어떤 사람이 한 해에 300점을 받는다면 그는 아마도 커다란 문제에 봉착해서 삶의 의미를 잃어버린 상태일 수도 있습니다. 이것은 다른 사람들이 어떤 상태인지 알아보는 데 큰 도움이 됩니다.

> **인도자를 위한 팁**
>
> 다음의 도표는 개인 차이가 있을 수 있다. 모든 사람들에게 동일하게 적용되는 것이 아님을 설명할 필요가 있다. 그러나 많은 조사에 의한 평균치이기 때문에 유용한 도구가 될 것이다.

삶에서 일어나는 일	스트레스 정도
배우자의 죽음	100
이혼	73
별거	65
감옥에 갇힘	63
가족의 죽음	63
개인적 부상이나 큰 질병	53
결혼	50
직장에서 해고당함	47
은퇴	45
가족의 큰 질병	44
임신	40
성생활에서의 어려움	39
새로운 가족 구성원을 받아들임	39
직업에서의 큰 변화	39
재정 상태의 큰 변화	38
가까운 친구의 죽음	37
자녀의 분가	29

시댁이나 처가와의 갈등	29
아내가 직업을 갖거나 중단함	26
직장 상사와의 갈등	23
이사	20

이혼 : 여러분은 우리나라의 굉장한 이혼율을 알고 있을 것입니다. 슬픈 통계입니다. 그러나 이러한 슬픔 가운데에서도 영적인 관점으로 바라본다면, 복음을 향한 커다란 열림의 기회가 될 수도 있습니다. 깨어진 삶을 가진 사람들은 그들의 삶을 되돌릴 방법을 찾으려고 애씁니다.

새로운 가족 구성원을 받아들임 : 이것은 아주 큰 변화입니다. 아이가 태어나는 경우입니다. 부모들은 아이를 잘 키우는 방법을 찾습니다. 여기에는 수용 능력이 필요합니다.

이사 : 특히 직업 때문에 이사를 하는 사람들의 경우는 어떻습니까? 그들은 전혀 기대하지 않았던 새로운 곳에 와서 사랑이나 따뜻한 보살핌, 어떤 위로도 받을 수 없습니다. 버둥거리는 사람들, 끊임없이 무언가를 필요한 사람들을 상상할 수 있습니까? 하지만 그들은 스스로 이 사실을 깨닫지 못할 수도 있습니다. 이웃에 누군가가 새로 이사를 온다면 그들에게 다가가 도움을 주고 보살펴 줄 수 있다는 말입니다. 이삿짐을 내릴 때 피자를 보내줄 수도 있습니다. 그들에게 '하나님의 평화(Peace)와 함께 피자(Pizza)를 준다면 피자와 평화(P&P)로 복음 전도 활동에 한발 더 다가갈 수 있습니다.

3) "탐색의 단계"에 있는 사람들을 위해 당신이 할 수 있는 일은 무엇입니까?

이들은 어떤 질문과 문제에 대한 대답과 해결방안을 찾기 시작합니다(-4).

이 단계는 굉장히 중요합니다. 이 단계에 있는 사람들은 자신이 가지고 있는 문제들의 해답을 찾고 있는 중입니다. -4단계에 속합니다. 이들을 도울 수 있는 몇 가지 방법을 제시합니다.

> 인도자를 위한 팁
>
> 이 부분을 실천해 옮기기 위해서는 '구도자에 민감한 열린 예배'에 대한 이해가 먼저 필요하다. 『새들백 교회 이야기』(pp. 281-343)를 참고하라.

① 이들을 "구도자에게 민감한 열린 예배"로 초대하십시오.

미국에서 1만 명이 출석하는 교회를 대상으로 "예수님께 나아오고 교회에 출석하게 된 이유가 무엇입니까?"라는 설문조사를 한 적이 있었습니다. 79퍼센트 사람들이 친구나 친척이 초대했기 때문이라고 답했습니다. 여러분은 "구도자에 민감한 열린 예배"에 인도할 수 있는 친구, 가족, 이웃, 동료 그리고 학교 친구들이 있다는 것이 큰 행운이라는 사실을 알고 있습니까? 여러분들은 큰 행운을 가진 사람들입니다.

하지만 구도자를 위한 예배가 여러분의 '개인적인 간증'을 대신하지는 못합니다. 그러나 여러분의 개인적인 간증에 도움을 줄 것입니다.

② 구도자들이 많이 참여하는 <u>소그룹</u>으로 초대하십시오.

이런 부류의 사람들(구도자들)이 참여하는 소그룹을 조사해 보십시오. 자신과 같은 목적으로 소그룹에 참석한 사람들은 서로에게 영향을 끼쳐 함께 영적인 여행을 시작할 수 있을 것입니다. 그들의 궁금증들이 무엇인지 살펴볼 수 있는 토론이 마련되도록 하십시오. 이러한 소그룹을 인도하는 소그룹 인도자는 특별히 이러한 주제를 잘 다룰 수 있는 사람이어야 합니다.

> **인도자를 위한 팁**
>
> 새들백 교회에는 네 종류의 소그룹이 있다.
> ① **구도자 소그룹** : 전적으로 전도를 위해 조직된 소그룹이다. 전혀 위협적이지 않은 분위기에서 불신자들이 마음껏 질문하고 의심을 표현할 수 있도록 한다.
> ② **지원 소그룹** : 진학, 가족의 죽음, 이혼 등 어려운 삶의 문제로 아파하는 사람들을 돌보고, 교제하며, 예배하는 목적을 위한 소그룹이다.
> ③ **봉사 소그룹** : 고아원, 교도소 전도, 이혼자 회복 등을 위해 봉사하는 소그룹이다.
> ④ **성장 소그룹** : 제자훈련, 성경공부, 설교를 바탕으로 한 성경공부 그룹 등이 이에 속한다. 소그룹 인도자가 어떤 성경공부 교재든 선택해서 교회에 허락을 받고 활용할 수 있다.

③ 신앙생활에 대해 알려 주는 테이프나 CD, 소책자 등의 자료를 선물해 주십시오.

그들을 숨 막히게 하지 말고 적절한 속도로 꾸준하게 하시기 바랍니다. 그들이 여러분이 제공하고 있는 자료들을 얼마나 소화하고 있는지 지속적으로 체크해야 합니다. 감시받고 있다는 느낌을 주지 않도록 조심하시기 바랍니다. 여러분의 관심을 잘 표현하십시오.

④ 다음과 같은 좋은 질문을 사용해 함께 영적인 주제로 대화를 나누십시오.

이 단계에 있는 사람들에게는 질문법이 유용합니다. 탐색 단계의 사람들은 이런 질문을 할 수 있습니다.

– "예수님을 믿는 신앙에 대해 어떤 점들이 궁금하십니까?"

- "예수님께서 말씀해 주신 것에 대해 진지하게 생각해 본 적이 있으십니까?"

이에 대한 이야기와 영적인 이야기를 허심탄회하게 하십시오. 그들은 영적인 질문이라고 느끼지 않을지도 모르지만 여러분은 영적인 질문임을 분명히 알 수 있습니다. 예를 들면, "최근에 부친상을 당하셨는데 당신은 평온하게 보이는군요. 어떻게 그럴 수 있죠?"라고 질문할 수 있습니다. 그들이 직장을 옮기는 일 같은 문제로 힘들어 할 때 여러분은 그들의 영적 상태를 알 수 있고 그 상황에 대해 자세히 물어 볼 수 있습니다. 그들이 해답을 찾을 수 있는 기회입니다. 여러분은 그들에게 그 기회를 제공해 주면 됩니다. 이것이 영적 대화입니다.

여러분이 알고 있는 것보다 훨씬 더 많은 사람들이 이 단계에 있습니다. 사회적으로 성공을 거둔 고학력의 많은 사람들이 이상한 영성 훈련단체에 빠지는 것을 종종 봅니다. 우리의 문화는 영적인 구도자들로 가득 차 있습니다. 친구에게 "이런 것에 관심이 없어"라고 말하게 하는 사탄의 거짓말을 믿지 마시기 바랍니다. 아주 많은 사람들이 영성에 관심이 있습니다. 그들은 우리가 말한 복음보다 훨씬 더 많은 복음을 받아들일 준비가 되어 있습니다. 우리는 복음을 다른 사람들과 나누기를 소원해야 합니다.

> **참고 :**
> 미국 일반 언론들은 매출을 늘리기 위해 영적인 질문을 이용하고 있습니다. 예를 들면 〈라이프 매거진〉의 '하나님은 누구인가?'라든가 '죽음 이후의 삶: 영원한 수수께끼', 〈U.S. 뉴스〉의 '지옥의 불', 〈타임〉의 '예수님은 누구인가?'가 있습니다. 〈타임〉에서 가장 잘 팔리는 내용들은 예수님에 관한 기사들이었습니다. 〈뉴스위크〉의 '아담과 이브에 대한 고찰', 〈U.S. 뉴스〉의 '우리가 믿는 하나님', 〈뉴스위크〉의 '신성에 대한 연구: 영적 의미에 대한 미국의 질문', 〈타임〉의 '우리는 여전히 기적을 믿을 수 있는가?', '성경은 사실일까 픽션일까?', 〈U.S. 뉴스〉의 '누가 성

> 경을 썼는가?', '부활에 대한 고찰', '예수는 지금도 존재한다: 그는 누구였는가?', 〈라이프 매거진〉의 '예수에 대한 연구'와 같은 것들입니다.
> 왜 세상의 언론들이 기독교와 관련된 질문들을 커버 기사로 실었을까요? 잡지 판매에 도움이 되기 때문입니다. 사람들은 그만큼 관심을 가지고 있습니다. 우리의 문화는 영적인 구도자들로 가득 차 있습니다.

4) "검토의 단계"에 있는 사람들을 위해 당신이 할 수 있는 일은 무엇입니까?

이들은 자기 자신과 성도들 사이의 차이점을 생각합니다(-3).
 -3단계에 속합니다. 그들은 자신과 믿는 사람들이 서로 다르다는 것을 알기 시작합니다. 그들이 여러분에게 질문을 할 때 그들을 도울 수 있는 몇 가지 방법을 소개하겠습니다.

① 이들을 <u>다른</u> 그리스도인들에게 소개해 주십시오.

다른 기독교인들에게 그들을 소개할 수 있습니다. 그들 주위에 많은 기독교인들이 있게 하십시오. 기억하십시오. 여러분이 그들 주위에 있는 유일한 그리스도인일지도 모릅니다.

② 이들을 소그룹으로 초대하십시오.

성경에서 마태가 열었던 파티와 같이 여러분이 속한 소그룹에 그들을 초대하시기 바랍니다. 마태는 많은 사람들을 초대했습니다. 그곳에 예수님이 계셨습니다. 몇몇 크리스천과 같이 있다면 기독교가 무엇인지 알게 될 것입니다.

③ 성도들이 불신자들과 다르게 사는 면들에 대해 이야기를 나누십시오.

유대인들은 돼지고기를 먹지 않는 등 음식문화가 주변국들과 달랐습니다. 이와 같이 다른 문화와 생활방식을 통해서 하나님을 이야기할 수 있습니다. 하나님께서 구약시대의 성도들에게 음식을 구별하라고 하신 것은, 문화를 통해서 하나님을 이야기하라는 뜻이 아니었을까요? 여러분이 복음 때문에 그들과 다르게 살아간다면 좋은 대화거리가 될 것입니다.

5) "이해의 단계"에 있는 사람들을 위해 여러분이 할 수 있는 일은 무엇입니까?

이들은 왜 그리고 어떻게 그리스도인이 되는지에 대해 배웁니다(-2).
-2단계에 속합니다. 이 단계는 인생에 있어서 아주 귀중한 시간입니다. 그들에게 왜 크리스천이 되는지, 그리고 어떻게 되는지 이해하도록 도울 세 가지 방법이 있습니다.

① 하나님께서 사람들을 구원하시는 방법에 대해 알려주십시오.

16페이지에 있는 "기쁜 소식의 메시지"를 참고하십시오. 18페이지의 "영적 기초(BASE) 원리"를 통해 설명할 수 있습니다. "영적 기초(BASE) 원리"를 카드로 만들어서 항상 가지고 다니시기 바랍니다. 이 카드는 구원 계획을 설명한 것입니다. 4영리 소책자도 유용한 도구입니다.

② 당신이 어떻게 그리스도를 믿기로 결단했는지 이야기해 주십시오.

우리는 이것을 '간증'이라고 합니다. 지금 우리는 이 간증에 대해서 계속 공부하고 있습니다.

③ 그리스도를 따를 때 얻게 되는 유익과 희생에 대해 알려주십시오.

예수님을 따르는 것이 얼마나 이익인지, 그리고 무엇을 의미하는지,

그에 따른 희생은 무엇인지 그들이 알 수 있도록 도와주십시오.

6) "준비의 단계"에 있는 사람들을 위해 당신이 할 수 있는 일은 무엇입니까?

결신기도를 함께 드리자고 하십시오.
  초신자들이 헌신의 기도를 할 수 있도록 이끄십시오. 여러분이 헌신의 기도 구절을 하나씩 읽으면 그들은 이 기도를 따라하며 헌신을 결심합니다. 어려운 일이 아닙니다. 단지 사람들이 죄를 지었기 때문에 구원이 필요하다는 것을 알도록 도와주는 것입니다. 굉장히 간단한 일입니다. 여러분들이 기도를 읽어 줌으로써 헌신의 기도를 이끌 수 있습니다. 단순한 말이 아닌 진리임을 보여 주십시오. 그들이 만약 예수님 안에서 진실한 말을 한다면 하나님께서는 그들을 구원하실 것입니다. 그들에게 기도로 다가가십시오. 그리고 여러분이 사용하는 말에 대해 불안해하지 마십시오.

결신기도의 예 :
"고마우신 예수님, 저를 창조하시고 사랑해 주셔서 감사드립니다. 제가 예수님을 무시하고 내 인생의 주인이 되어 마음대로 길을 갔을 때에도 당신은 저를 사랑해 주셨습니다.
저는 지금 제 인생에 예수님이 절대적으로 필요하다는 것을 깨닫습니다. 지금까지 제가 저지른 죄로 인해 참으로 안타까운 마음을 금할 길이 없습니다. 저의 죄를 용서해 주옵소서.
예수님께서 저를 위해 십자가에 달려 돌아가신 사실을 믿으며 그 은혜에 감사드립니다. 제가 십자가의 사랑을 더 잘 이해할 수 있도록 도와주옵소서.
이제부터 저는 이 깨달음대로, 주님의 뜻을 따라 살기 원합니다. 예수님, 저의 삶 가운데로 오셔서 제 안에서부터 저를 새로운 사람으로 만들어 주옵소서. 저는 예수님께서 선물로 주시는 구원을 감사히 받아들입니다. 제가 그리스도인으로 잘 자라도록 도와주옵소서. 예수님 이름으로 기도합니다. 아멘."

7) 이들이 그리스도를 영접하고 나면 당신이 할 수 있는 일은 무엇입니까?

① 101과정에 참여하도록 이끌어 주십시오.

멈추지 마십시오. 여러분은 바로 지금 천국의 새로운 형제자매를 갖게 되었습니다. 여러분은 그들이 첫 단계를 밟을 수 있도록 도와야 합니다. 그들을 101과정으로 인도하십시오. 여러분도 그들과 함께하십시오. 친하고 믿음이 좋은 사람이 함께해야 새로운 활동을 쉽게 시작할 수 있을 것입니다.

여러분이 어떤 사람을 그리스도께 인도하고 101과정으로 인도했다면, 101과정을 다시 들을 수도 있습니다. 그리고 여러분은 이 수업을 통해 교회 멤버로서 교회 사역에 열정을 다시 한 번 쏟을 수 있는 기회를 부수적으로 갖게 될 것입니다.

② 세례(침례)를 받도록 격려하고 세례(침례)식에 함께 참여해 축하해 주십시오.

그들에게 세례를 받도록 격려하고 세례식에 참여하시기 바랍니다. 마치 결혼식과 같이 교회가 꽉 찼고 사람들의 축하를 받는다고 생각해 보십시오. 비디오카메라로 그 과정을 촬영할 수도 있습니다. 굉장히 아름다운 광경이 연출될 것입니다. 꽃다발을 준비하거나 축하의 메시지를 담은 카드를 준비하는 것도 좋습니다. 세례식이 축제의 시간이 될 수 있도록 하십시오.

③ 소그룹에 참여하도록 이끌어 주십시오.

그들이 새신자 소그룹 모임에 들어가게 도전하십시오. 우리 교회는 예수님 안에서의 성장을 강조합니다.

디모데후서 4:2에 "너는 말씀을 전파하라 때를 얻든지 못 얻든지 항상 힘쓰라"고 말씀합니다. 성경은 "힘쓰라"고 말씀합니다. 다분히 의도적인 말씀입니다. 여러분은 힘써야 합니다. 우연하게 그 일이 일

어나게 해서는 안 됩니다. 의도된 일이며, 이것을 목적이라고 할 수 있습니다.

> **인도자를 위한 팁**
>
> 우리는 하루에 적어도 10명의 사람들을 만나고 그들과 대화하고 살아간다. 그러나 아무런 계획과 생각 없이 사람들을 만나는 것은 영적으로 도움이 전혀 되지 않는다. 2장을 마무리하면서 영적인 대인 관계를 성숙시키기 위한 4단계를 살펴보게 될 것이다. 이 부분을 통해서 2장을 요약할 수도 있다.

III. 영적 관계 개발의 방법

사람들과의 좋은 관계는 우연히 만들어지는 것이 아니라 의도적으로 힘쓸 때 만들어집니다. 불신자들과 관계를 맺어가려면 종종 하고 싶지 않는 일도 해야 하고, 위험을 감수해야 할 때도 있으며, 당신이 편안하다고 여기는 안전지대를 벗어나야 할 때도 있습니다. 불신자들과 좋은 관계를 맺으려면 "계획"을 가지고 접근해야 합니다. 만약 계획하지 않고 만난다면, 당신은 영원히 그들과 좋은 관계를 맺을 수 없다는 사실을 깨닫게 될 것입니다.

"사람이 마음으로 자기의 길을 계획할지라도 그의 걸음을 인도하시는 이는 여호와시니라"(잠 16:9).

1 단계 : 하나님께서 당신 삶의 영역에 연결해 놓은 불신자들이 누구인지 확인하십시오.
　① 그들의 이름을 기록한 목록을 작성하십시오.
　② 그들이 당신의 책임 아래 있음을 깨달으십시오.
　③ 각 사람의 영적 수용성의 단계를 확인하십시오.

④ 그들의 관심사와 필요가 무엇인지 찾아 적어 두십시오.
⑤ 그들과의 관계를 발전시키기에 좋은 공통점을 찾으십시오.
⑥ 그들 각자에게 적합한 나의 이야기는 어떤 것인지 간증의 주제를 생각하십시오.

2단계 : 그들을 위해 힘써 중보기도하십시오.

① 이름을 기록한 목록을 놓고 그들의 구원을 위해 기도하십시오.
② 하나님께서 이들을 하나님 자신에게로 이끌어 달라고 기도하십시오(요 6:44).
③ 하나님께서 이들의 영적 소경 상태를 고쳐 달라고 기도하십시오(고후 4:3-4).
④ 성령님께서 이들의 마음을 수용적으로 변화시켜 달라고 기도하십시오(요 16:8-13).
⑤ 간증을 확실하게 잘 나눌 수 있는 기회를 달라고 기도하십시오(골 4:3-5).
⑥ 무엇을 말해야 할지에 대해 하나님께 지혜를 달라고 기도하십시오(약 1:5).
⑦ 성령님께서 당신이 하는 말을 사용하시도록 기도하십시오(살전 1:5).

3단계 : 그들을 돌보는 사람이 되십시오.

① 각 사람을 전도의 대상이 아닌 인격으로서 존중하며 대하십시오.
② 진정한 친구가 되어주십시오. 그들을 실제적으로 도와주십시오.
③ 잘 들어 주십시오. 경청은 사랑을 표현하는 훌륭한 방법입니다.
④ 섬기는 것이 목표가 되어야지, 마치 사람을 모집하듯 대해서는 안 됩니다.
⑤ 집으로 초대하십시오.
⑥ 그들의 필요를 채우는 것에 의식적으로 초점을 맞추십시오.
⑦ 그들이 이유를 물을 때까지 지속적으로 사랑해 주십시오.
⑧ 그들을 판단하려 하지 말고, 있는 모습 그대로를 받아들이십시오.

4 단계 : 당신의 이야기를 <u>나눌</u> 준비를 하십시오.
① 당신 자신이 먼저 그리스도를 따르는 긍정적이며 기쁨에 찬 성도가 되십시오.
② 기회가 자연스럽게 주어질 때 놓치지 말고 간증을 나누십시오(기회는 반드시 옵니다).
③ 결코 복음을 강요하지 마십시오. 인내하십시오. 하나님께서 일하십니다.
④ 위기 상황을 사용하여 왜 우리 모두에게 하나님이 필요한지 알려주십시오.
⑤ 당신의 삶을 나눌 수 있는 질문을 던지십시오.
⑥ 그들에게 적합한 설교 테이프나 CD나 책자를 선물해 주십시오.
⑦ 본질적인 것에 집중하고 곁길로 나가지 않도록 조심하십시오.
⑧ 구도자에게 민감한 열린 예배에 참석하도록 초대하십시오.
⑨ 복음을 나눈 후에는 결신기도를 함께 드리십시오.

제 3 장

하나님을 위한 사명 실행자로 살아가십시오

제 3장에서는 이 세상을 우리의 작은 시각이 아니라 하나님의 시각으로 바라보고 우리가 실천할 구체적인 사역들에 대해서 이야기하는 시간이 될 것이다. 세계를 품는 크리스천들로 성장하기를 원하는 것이다. 이를 위해서 우선 현재 우리가 살고 있는 세상의 영적 상태를 점검할 필요가 있다. 그 결과에 따라 개인적이거나 교회적으로 참여할 수 있는 사역에 대해서 체계적으로 살펴볼 것이다.

실제적인 예로 P.E.A.C.E.사역을 소개할 것이다. 새들백 교회를 중심으로 이루어지는 사역이지만 용어를 포함해서 일반적인 적용이 가능하기 때문에 인도자는 교회의 상황에 맞게 소개할 수 있어야 한다.

"오직 성령이 너희에게 임하시면 너희가 권능을 받고 예루살렘과 온 유대와 사마리아와 땅끝까지 이르러 내 증인이 되리라"(행 1:8).

I. 현재 세상의 영적 상태

1. 하나님의 전 세계적 사명 실행

1) 하나님께서는 "언제나" "온"세상을 구원하시는 것에 관심을 가지십니다.

하나님의 계획은 항상 범세계적입니다. 하나님은 이 모든 세상에 항상 관심을 가지고 계십니다. 예수님께서는 세상에 대한 그의 관심을 나타내십니다.

"또 이르시되 너희는 온 천하에 다니며 만민에게 복음을 전파하라" (막 16:15).

"또 복음이 먼저 만국에 전파되어야 할 것이니라"(막 13:10).

'온 천하에 다니며 만민에게', '만국에'에 밑줄 치십시오. 이 구절의 의미는 장소와 인종에 구애받지 말라는 뜻입니다.

여러분은 다른 나라 사람들에게 복음을 전하기 위해 목사나 교사나 선교사가 되어야만 하는 것은 아닙니다. 그러나 성경은 모든 성도가 온 세상 사람들을 위한 그리스도인이 되어야 할 책임이 있다고 분명히 알려 줍니다.

복음을 전하는 것은 여러분과 저의 임무입니다. 예루살렘뿐만 아니라 유대, 사마리아 그리고 전 세계에 복음을 전파해야 합니다. 선교사, 목사와 같은 전임 사역자뿐만 아니라 우리가 모두 이 복음을 전파하라는 임무를 받았습니다.

2) 우리 모두는 전도자/사명 실행자로 부름 받았습니다.

요즘 우리는 원하기만 하면 전 세계의 모든 지역에 쉽게 접속할 수 있는 놀라운 기회를 누리고 있습니다. 다른 대륙으로 가기 위해 배를 타고 몇 달 동안 항해하지 않아도, 인터넷을 통해 지구 반대쪽에 사는

사람들과 곧바로 의사소통을 할 수 있게 되었습니다.

예수님이 그를 따르는 사람에게 세상 구석구석으로 가라고 말씀하셨을 때 그들은 아마 당황했을 것입니다. 특히 그 시대는 목적지까지 갈 수 있는 수단이 많지 않아 걸어갈 수밖에 없었고, 그에 비해 세계는 너무 컸기 때문입니다. 설령 당나귀를 타고 간다 해도 세계는 너무 넓었습니다. 당시 예수님께서 세계의 모든 곳으로 가라 명하셨을 때 교통수단은 도보나, 당나귀를 타거나, 또는 배로 지중해를 건너는 것뿐이었습니다. 그래서 "너희들이 모든 나라와 모든 사람에게 가기를 원하노라"라고 예수님이 말씀하셨을 때 그들은 당황했을 것입니다.

물론, 전 세계가 가까워짐과 동시에 우리의 책임도 커졌습니다. 그러나 분명한 점은 일하기가 훨씬 쉬워졌다는 것입니다. 우리는 비행기를 타고 대양을 건너갈 수 있습니다. 이 사실은 현대를 사는 우리 모두에게, 세상에서 이뤄지는 하나님의 사명을 완수하는 역할을 잘 감당할 수 있는 기회가 왔다는 것을 의미합니다.

예수님은 이미 전 세계를 손안에 가지고 계셨을지 모르지만, 역사적으로 볼 때 지금 세대의 사람들만이 모든 세계를 손안에 잡고 있을 것입니다. 요즘 여러분은 침실에서 혹은 손안에서 모든 세계의 수백만 사람들로부터 오는 메시지를 받을 수 있습니다. 우리는 기독교 역사상 다른 세대가 가져 보지 못한 도구를 가지고 있습니다. 물론 하나님은 지상명령을 결코 철회하시지는 않겠지만, 아무튼 우리는 세계의 모든 곳에 도달할 수 있는 인터넷, 디지털 통신, 비행수단을 가지고 있습니다.

3) 용어 정의

> **인도자를 위한 팁**
>
> 401과정에서 자주 언급되는 용어에 대해서 설명하는 것이다. 교회 안에서 용어의 정의가 다르면 효과적인 의사소통이 이루어지지 않는다. 같은 용어에 같은 마음을 담아 표현하는 것이 중요하다. 사역에 사용하는 전문적인 용어를 공유한다면 긴 시간 설명해야 하는 수고를 덜 수 있게 된다. 다른 사역에도 용어를 통일하면 효과적일 것이다.

① 사명(MISSION)

교회의 임무를 뜻하는 것으로 예수님께서 대명령과 대사명을 통해 주신 5가지 성경적 목적들 즉, 예배, 전도, 훈련, 교제, 사역을 이루는 것(사명의 좁은 의미로는 교회의 목적들 가운데서 특히 전도와 선교를 이루는 것을 말합니다. 401과정에서 말하는 "나의 인생 사명"이란 바로 이 좁은 의미에서의 사명을 의미합니다. - 역자 주).

> **인도자를 위한 팁**
>
> 5가지 성경적 목적은 영어철자 M으로 시작하는 단어로 맞추어 멤버십(Membership), 성숙(Maturity), 사역(Ministry), 전도/선교(Mission), 예배(Magnification)로 표기해서 통일성을 줄 수 있다.
>
> 주의할 것은 5가지 목적 가운데 하나인 전도/선교(Mission)가 전체 5가지 목적을 이루는 사명(Mission)이라는 단어와 같다는 것이다. 또한 5가지 목적 가운데 하나인 Mission은 동일문화권 전도(Evangelism)와 타 문화권(Mission)으로 나누어 구별해야 한다는 것을 기억하라.

② 전도(EVANGELISM)
  사람들이 예수 그리스도를 만나게 하는 것, 복음을 나누는 것.

복음 전도 활동이란 사람들에게 예수님을 소개하거나 복음을 나누는 전반적인 활동을 나타내는 용어입니다. 특별히 동일 문화권 내에서의 복음 사역을 지칭하는 말로 사용됩니다.

③ 타 문화권 사역
  당신의 문화권이 아닌 다른 문화권에서 교회의 5가지 성경적인 목적들을 이루는 것.

사역(Mission=교회의 5가지 목적을 이루는 것)을 타 문화권에서 실시하는 것을 말합니다.

④ 선교(MISSIONS)
  복음이 아직 잘 전해지지 않은 타 문화권으로 복음을 가지고 들어가 전하는 것.

5가지 성경적 목적 가운데 전도/선교(Mission)를 세분해서 국내 혹은 동일문화권 내에서의 복음 증거를 전도(Evangelism)라고 하고, 국외 혹은 타 문화권에서의 복음증거를 선교(Mission)라고 합니다. 따라서 이 Mission이라는 단어가 상황에 따라 전도, 선교, 사명이라는 뜻으로 달리 사용되기도 합니다.

64페이지를 보시면 원이 몇 개 그려져 있습니다. 그 속에는 '예루살렘', '온 유대', '사마리아'와 '땅끝'이 있습니다. 신약성경에 나와 있는 지역적 패턴입니다. 신약성경에는 이러한 지역적 패턴이 있다면, 오늘날 우리 교회가 속한 지역적 패턴은 어떠할까요?

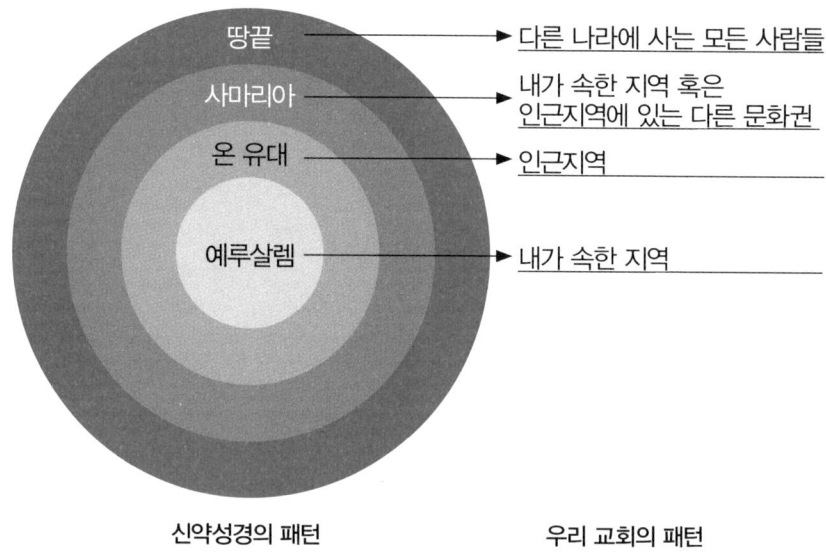

신약성경의 패턴   우리 교회의 패턴

이러한 지역적 구분을 하고 있는 성경은 사도행전 1:8입니다. 사도행전은 이러한 지역적 구분에 맞추어서 사역의 내용이 기술되고 있습니다.

> "오직 성령이 너희에게 임하시면 너희가 권능을 받고 예루살렘과 온 유대와 사마리아와 땅끝까지 이르러 내 증인이 되리라"(행 1:8).

"예루살렘과 온 유대와 사마리아와 땅끝까지"라고 예수님께서 말씀하셨는데, 이것은 장소를 의미합니다. 현재 예수님의 말씀을 듣는 제자들이 있는 그곳에서 출발하여 점점 확대되어 나가는 것입니다.

1) 여러분의 예루살렘은 무엇입니까? 제자들은 어디에 있었습니까? 예수님께서 제자들에게 이 말씀을 하실 때 그들은 예루살렘에 있었습니다. 즉, 여러분이 현재 있는 그곳에서 시작하라고 말씀하십니다. 현재 여러분이 있는 곳이 예루살렘입니다. 우리의 예루살렘은 현재 살고 있는 동네와, 여러분이 미칠 수 있는 범위, 그리고 주위 사람들과의 관계입니다. 이것이 우리의 네트워크입니다. 여러분이 현재 있는 곳부터 시

작하십시오. 가족과 친구, 동료들, 그리고 여러분과 친밀한 모든 사람들이 당신의 예루살렘입니다.
2) 그리고 유대로 가십시오. 유대는 옆 동네(인근지역)입니다.
3) 그 후 예수님께서는 사마리아로 가라고 하십니다. 사마리아인들은 민족적, 문화적으로 유대인들과 상당히 달랐습니다. 지금 예수님께서는 여러분 옆에 살고 있는 다른 문화 사람들에게 가라고 하십니다. 아마도 그들은 다른 언어와 민족적 배경을 가지고 있을 것입니다. 여러분과 다른 언어를 가진 사람을 알고 계십니까? 요즘은 한국에서도 여러 가지 직종에 종사하는 다른 나라 사람들을 만날 수 있습니다. 여러분이 그들이 일하는 식당에 간다면 그것이 바로 사마리아에 가는 것입니다. 결혼 등 여러 가지 이유로 한국으로 이주해 온 수많은 외국인 근로자들이 있습니다. 여러분은 사마리아에 가기 위해 바다 건너 멀리 갈 필요가 없습니다. 여러분과 다른 언어를 쓰고 있는 사람들이 우리와 문화적으로 다른 배경을 가지고 있는 사람들입니다.
4) 그 후에 예수님께서는 땅끝까지 가라고 말씀하십니다. 물론 비행기와 인터넷을 이용해서 실제로 가능한 일입니다. 하나님은 여러분과 관계가 있는 모든 사람들을 우리에게 맡기셨습니다.

처음 여러분 주위에 있는 세계에서부터 시작하십시오. 그것이 여러분의 예루살렘입니다. 그 안에 당신 자신이 있습니다. 여러분이 하나님을 믿는 사람임을 확신하십시오. 다음 차례는 가족이 있습니다. 다음은 친척들입니다. 다음은 가장 친한 친구들입니다. 그 후에 이웃들과 사업상 만나는 사람들이 있습니다. 마지막으로 안면이 있는 사람들입니다.

하나님께서는 "모든" 사람들이 하나님을 알게 되기를 원하십니다. 현 시대를 사는 우리는 각종 과학 기술로 인한 혜택을 누리며 살고 있습니다. 그래서 우리는 자신도 모르게 현재 세상에 사는 모든 사람들이 그리스도에 대해 들을 수 있는 기회를 가지고 있다고 여기기 쉽습니다. 그러나 사실은 그렇지 않습니다.

인도자를 위한 팁

401과정 참가자들에게 아직도 복음 전도란 전혀 새로운 경험일 수 있고 두려운 것일 수도 있다. 그들은 이렇게 질문할 것이다. "내가 무엇을 할 수 있을까요?" 그러한 질문을 하는 사람들에게 "전도 기회를 잡아 시작하라"고 도전을 주어야 한다. 그러기 위해서 교회에서는 교회가 속한 지역과 그 지역에 있는 타 문화권 사람들을 위해서 사역을 계획하고 401과정을 이수한 성도들에게 그 사역 가운데 한 가지 활동을 맡아 주길 권해야 한다.

다음은 신약성경의 패턴에 근거해서 우리 교회가 참고할 수 있는 몇 가지 실천적인 아이디어다.

① 지역 사회(예루살렘)
'구도자 모임'에 친구를 초청하라. 누구나 할 수 있는 최초의 예루살렘 활동이다. 구도자들은 영적인 문제에 대해 이야기하고 싶어 한다. 교회 안에 구도자를 위한 모임을 만들고 자원자를 받아 '구도자에게 전화하기 팀'을 구성해서 봉사하는 것도 좋은 방법이다.

② 한국(유대)
방문하는 목사와 선교사에게 집을 제공하라. 이를 통해 다른 세계, 다른 나라, 다른 지방의 문화에 대해 배우는 아주 좋은 기회가 될 것이다.
사회봉사 사역에 동참하라. 자연재해를 입은 지역과 같이 도움이 필요한 곳에 봉사활동을 계획하는 것도 한 방법이다. 노숙자들을 위한 여러 가지 사역은 이미 많은 교회에서 실시하고 있다. 하지만 아직도 많은 사람들이 도움의 손길을 기다리고 있으며, 대부분의 노숙자들은 영적으로도 궁핍한 사람들이다.

③ 지역 내의 타 문화권 사역(사마리아)
타 문화권 사람들이 저소득층이라면 목회활동에 따라 방과 후 과외 수업을 하는 프로젝트를 계획할 수 있다. 지식과 함

께 마음도 나눌 수 있다. 특별한 관심이 필요한 아이들에게 사랑을 주어야 한다.
한국 문화 적응 프로그램이나 한국어 과정을 개설할 수도 있다. 관련기관에 문의하여 계획을 구체화시키라.

④ 세계(땅끝)
지구를 위한 인터넷 기도 사역을 할 수 있다. 우선 관련된 선교사들과 교단의 파송 선교사들과 그들이 섬기고 있는 지역을 위해서 기도할 수 있다. 그들은 필요한 기도 제목을 계속해서 이메일로 업데이트하라. 그곳은 우리가 중보기도를 시작하기 아주 적합한 곳이다.

낙후된 국가의 어린이들을 후원해 주는 일은 정말 중요한 일이다. 관련기관의 협조를 받아 정보를 교회에 비치해 놓으라. 이 일에 적극 참여하라. 교회가 선정한 풍족하지 못하고 안식이 없는 특정 국가 사람들에게 생필품, 선물, 상품권, 돈 등을 기부할 수 있다.

우리가 살고 있는 세상을 좀 더 큰 시각으로 바라보기를 원합니다. 우리의 시각을 크게 해 줄 내용을 지금부터 살펴보겠습니다.

2. 오늘날 세상의 영적 상태

1) 좋은 소식 : 교회는 여러분이 생각하는 것보다 훨씬 큽니다.

① 전 세계의 60억 인구 가운데 20억 인구가 그리스도인으로 간주됩니다.

② 교회 성장의 대부분은 서방 국가 이외의 지역에서 이루어집니다.
  - 1900년 : 81퍼센트의 신자들이 백인이었습니다.
  - 1981년 : 51퍼센트의 신자들이 백인이었습니다.
  - 2000년 : 40퍼센트의 신자들이 백인이었습니다.

전 세계의 교회를 연구하는 수석 연구원인 데이비드 바리에 의하면, 전 세계에 있는 기독교인의 숫자는 20억 명을 초과한다고 합니다. 서구 이외의 국가들에서도 교회는 폭발적으로 증가하고 있습니다. 그러나 우리가 기독교 국가로 알고 있는 미국은 그렇지 않습니다. 1990년에는 81퍼센트의 백인 신도가 있었으나, 2000년에 백인 신도는 40퍼센트에 불과했습니다. 이는 교회의 60퍼센트가 제3세계 국가에 있음을 뜻합니다. 신도들은 벽돌 건물, 거실, 흙바닥의 오두막 또는 바나나 나무 아래에서 만나서 예배를 드립니다. 바로 그것이 교회가 지향하는 곳입니다. 브라질에서는 일주일에 1만 7천~2만 명씩 크리스천이 늘고 있습니다. 중국은 날마다 새로운 신도가 2만~3만 명씩 늘어나고 있습니다. 엄청난 일이 일어나고 있습니다.

<u>2000년부터의 실례</u>
- 브라질 : 매주 새신자들이 17,000~20,000명씩 늘어나는 속도로 교회가 자라고 있습니다.
- 중　국 : 매일 새신자들이 20,000~30,000명씩 늘어나는 속도로 교회가 자라고 있습니다.

③ 과학 기술의 발달로 인해 성경은 많은 다른 언어로 번역되었습니다.
- 1800년 : 67개 언어
- 1900년 : 537개 언어
- 2000년 : 2800개 언어

성경을 다른 언어로 번역하는 일도 아주 역동적으로 이루어지고 있습니다. 1800년대에는 67개 국어로 번역된 데 반해, 2000년에는 2,800개 언어로 번역되었습니다. 성경번역 사역은 컴퓨터 기술자, 경비행기 조종사, 무선통신기술자 등의 동역을 통해 그 속도가 급속히 빨라졌습니다.

영화〈예수〉는 예수님의 일생에 대한 영화로, 여러 나라 언어로 번역되었습니다. 주민들은 예수님이 그들의 언어로 얘기하는 것을 보고 예수님에 대해 알게 되었고 경외심을 갖게 되었습니다. 한 해

동안 200억 명 이상이 이 영화를 보았고, 1억 명 이상이 이 영화를 통해서 예수님을 영접했다고 합니다.

④ 그 어느 때보다 많은 교회들이 세계 선교를 위해 서로 파트너가 되어 협력하고 있습니다.

주님의 일을 하는 기관도 늘어났습니다. 1900년대는 600개의 기관이 있었지만 2025년까지는 8,500여 개로 늘어날 것으로 예상하고 있습니다. 세계의 각 교회들은 전도의 동역자로 서로 협력해서 사역하고 있습니다. 종파들끼리 힘을 합치고, 교회와 파라처치들은 서로 협력해서 사람들에게 다가가는 것은 보기 좋은 모습입니다.

대략의 통계지만, 이러한 정보를 통해서 우리는 좀 더 정밀하게 전략을 구사할 수 있습니다.

2) 나쁜 소식

① 세계 60억 인구 가운데 40억 이상의 사람들이 그리스도를 영접하지 못한 채 살고 있습니다.

② 세계에는 여전히 복음을 들어보지 못한 종족이 6,000개 이상 있습니다.
 - "종족"이란 같은 혈통, 혹은 언어로 형성된 그룹을 말합니다. 중국에는 서로 다른 언어를 사용하는 400개 정도의 종족이 있습니다.
 - 이 "종족들" 가운데 17억 정도 되는 사람들이 그리스도에 대한 분명한 증언을 듣지 못했습니다. 누군가 그들의 문화권 안으로 들어가 전해 주기 전에는 그리스도에 대해 들을 수 있는 길이 없습니다.

③ 복음이 아직 전달되지 않은 6,000개의 "종족들" 가운데 3,000개가 미전도 종족입니다. 그러면, 미전도 종족이란 무엇입니까?
  - 아직 이들 가운데서 교회 개척을 시작하는 교회나 선교 단체가 없습니다.
  - 오는 20년 안에 이들 종족들에게로 들어가 교회 개척 작업을 시작하려고 계획하는 큰 교단의 선교본부나 선교단체가 아직 없습니다.

④ 복음을 듣지 못한 사람들 중의 대부분이(98퍼센트) 소위 10/40 창이라고 불리는 지역에 삽니다.

⑤ 10/40 창이란 무엇입니까?

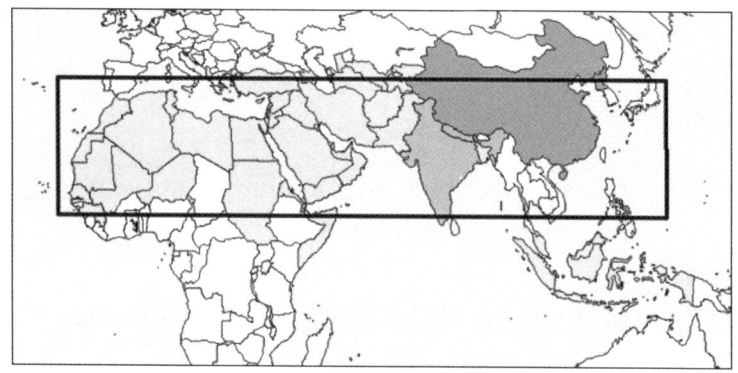

  - 지구의 북위 10도와 40도 사이에 위치하는 지역입니다.
  - 전 세계 육지 면적의 1/3을 차지합니다.
    (북 아프리카에서 시작해서 중동과 아시아에 걸친 지역)
  - 세계 인구의 2/3를 포함하며 세상에서 가장 가난한 지역입니다.
  - 전도가 가장 안 된 나라들 가운데서 97퍼센트의 사람들이 10/40창에 삽니다.

오늘날의 세계 상황(401과정을 마친 후 주일 설교를 할 때 참고하라.)

오늘날 세계의 현실을 보면 60억의 세계 인구 중 40억이 비신도입니다. 아직도 이 세계에는 2천 개가 넘는 미전도 종족이 있습니다. 17억 명은 전도하는 사람을 전혀 본 적이 없습니다. 그들에게 전도하기 위해 누군가가 가지 않는 한 그들은 예수에 대해 전혀 들어보지 못할 것입니다. 예수를 원하다 해도 하나님을 영접할 수 없는 사람의 숫자가 세계 인구의 1/3이라는 의미입니다.

아직 전도를 받지 못한 사람을 네 분류로 나눠 보면 다음과 같습니다. 1) 아시아인 2) 도시인(미전도 종족을 생각하면 정글을 상상하지만, 대부분의 사람들은 대도시에 모여 있다.) 3) 이슬람교도 4) 20세 미만의 청소년(첫 번째로 전도해야 할 곳인 예루살렘의 청소년부터 세계 곳곳의 청소년까지 모두 우리의 전도 대상이다. 몇 년 전 통계에 의하면 베트남 인구의 60퍼센트는 청소년이다.)

도시는 앞으로 20년간 계속 발전하고 커질 것입니다. 가보라고 권장하는 대부분의 여행들은 아마 정글이 아니라 도시나 마을입니다. 유례없이 농촌보다 도시에 더 많은 사람이 살고 있습니다. 2015년에는 1천만 명 이상의 인구를 가진 도시는 21개가 될 것입니다. 2025년에는 전 세계 인구의 25퍼센트 이상이 대도시 주변에 무단 입주해서 거주할 것입니다. 현재도 멕시코 시티, 방콕, 싱가포르와 같은 대도시에 1억 명 이상의 거리 소년들이 존재합니다. 그들은 거리에서 자며 생활합니다. 20세 미만의 청소년은 계속 증가하고 있습니다. 2010년에는 20세 미만 청소년의 숫자가 24억 명에 이를 것입니다.

우리는 우리 지역에 대해 공부할 수 있고 여러 매체를 통해서 다양한 문화를 경험할 수 있습니다. 수확이 문제가 아니라 수확할 수 있는 수단이 부족합니다. "추수할 것은 많되 일꾼이 적으니"(마 9:37)라고 예수님은 제자들에게 말씀하셨습니다. 사람들은 예수님을 영접할 준비가 되어 있습니다. 그렇게 할 수 있는 방법도 있습니다. 그러나 우리가 주저하면 사람들은 예수님을 선택하지 못할 것입니다.

로마서 10:13에는 "누구든지 주의 이름을 부르는 자는 구원을 받으리라"고 나와 있습니다. 그들은 하나님께 도움을 구하기 전에 먼저 하나님을 믿어야 합니다. 하나님을 믿기 전에, 하나님에 대해 들어야 합니다. 하나님에 대해 들으려면 누군가 그에게 하나님에 대해 이야기해 주어야 합니다.

가장 부끄러운 일은 우리가 이 자리에 앉아서 흥분만 하고 아무도 밖으로 나가지 않는다는 것입니다. 우리는 전도하도록 부름을 받았습니다. 여러분이 이 사명의 다음 단계를 택한다면 그 발걸음은 복을 받을 것입니다. 성경은 "만약 네가 그것을 한다면 축복을 받을 수 있는 일들을 너희들은 알고 있다"라고 말씀하셨습니다. 자신이 할 수 있는 대로 가능한 모든 시간과 수단을 다 사용해서 모든 사람에게 전도하는 것이 성숙한 복음 전도 활동입니다.

교회의 힘은 '얼마나 많은 성도가 모이는가'가 아니라 '얼마나 많은 사람을 파송할 능력이 있는가'입니다. 군대의 상태를 파악할 때, 얼마나 많은 병사가 식당에 앉아 식사를 하는지를 보지 않습니다. 얼마나 많은 병사가 전쟁터에서 최전방의 싸움터로 돌진하는지를 봅니다. 우리는 하나님의 군대로 지금 이 자리에 모여 있습니다.

⑥ 위의 나쁜 소식에 소개된 사실들은 다음에 나오는 "세상의 다섯 가지 극복하기 어려운 문제들"로 요약될 수 있습니다.

인도자를 위한 팁

새들백 교회는 현재 지구상에 있는 "세상의 다섯 가지 극복하기 어려운 문제들"을 규정하고 그에 대응하는 구체적인 비전과 전략을 수립했다. 그리고 전 세계의 교회들이 이 사역에 동참하기를 호소하고 있다. 여러분의 교회도 이러한 '피스'(P.E.A.C.E.)사역에 동의한다면, 함께 이 사역을 펼쳐 나갈 수 있을 것이다.

다섯 가지 극복하기 어려운 문제들은 다음과 같다.
① 영적인 공허(Spiritual Emptiness)
② 자기중심적인 지도자(Self-Serving Leadership)
③ 절대적인 빈곤(Extreme Poverty)
④ 전염성 질병(Pandemic Diseases)
⑤ 문맹(Rampant Illiteracy)

인도자는 이 부분을 새들백 교회만의 사역으로 소개하는 것보다, 우리 교회가 동참할 영역은 어떤 부분인지를 생각하고, 교회의 선교비전을 구체화하는 기회와 선교동원의 장으로 삼을 수 있을 것이다.

II. 피스(P.E.A.C.E.) 사역의 비전과 전략

> 이 사역에 대한 자세한 내용은 인터넷 홈페이지(http://www.thepeaceplan.com)를 방문하거나, 『릭 워렌과 그를 이끄는 삶의 목적』에 나온 릭 워렌의 인터뷰를 참고하라.

1. 피스사역에 대한 입문

"예수께서 이르시되 네 마음을 다하고 목숨을 다하고 뜻을 다하여 주 너의 하나님을 사랑하라 하셨으니 이것이 크고 첫째 되는 계명이요 둘째도 그와 같으니 네 이웃을 네 자신같이 사랑하라 하셨으니"(마 22:37-39).

어떤 정부나 조직도 아래의 다섯 가지 극복하기 어려운 문제들을 효과적으로 근절시킬 수 없습니다. 이 문제들을 해결할 수 있는 가장 중요한 통로가 전 세계에 있는 예수 그리스도의 교회들입니다. 피스사역이란 전 세계의 교회들을 통해 이뤄지는 사역입니다.

1) 피스사역이란 전 세계 10억의 그리스도인들을 동원하는 대규모의 노력으로서 우리 시대의 다섯 가지 극복하기 어려운 문제들을 함께 공격하는 것입니다.
2) 피스사역이란 "하나님으로부터 능력을 부여받은 보통 사람들이 함께 힘을 모아 어느 곳에서든지 변화를 일으키는 사역"을 말합니다.
3) 피스사역이란 평범한 보통 성도들이 예수님께서 하셨던 일을 하도록 힘을 모으고 동원하는 것입니다.
4) 피스사역이란 지역교회의 각 지체에게 힘을 주고 준비시켜 개인, 지역, 세계의 차원에서 다섯 가지 극복하기 어려운 문제들과 싸워나가는 것입니다.

피스사역의 특징

1) **모든 지체가 사명을 실행합니다.**
   피스사역은 교회 안에 있는 어떤 소수의 "특별한 사람들"만을 위한 프로그램이 아닙니다. 피스사역이란 평신도 운동으로서 교회의 평범한 지체들이 서로 움직여서 세상을 변화시키는 일반적인 작업을 말합니다.

2) **교회가 서로 연결되어 작업합니다.**
   피스사역이란 세계의 모든 교회들이 서로 연결되어 함께 변화를 일으키는 것입니다. 피스사역을 통해 각 지역교회들이 주체적 역할을 하게 됩니다. 그들이 가진 위치, 동기, 신용, 지속성의 여러 면들 때문에 지역 교회들은 다섯 가지 극복하기 어려운 문제들과 효과적으로 싸울 수 있는 기초 기관입니다.

2. 다섯 가지 극복하기 어려운 문제들

1) 영적인 공허(Spiritual Emptiness)
   ① 전 세계의 40억 이상의 사람들이 아직 예수 그리스도를 모릅니다.
   ② 이 가운데서 20억 정도의 사람들은 한 번도 기독교의 복음을 들어본 적이 없습니다.

수십억의 사람들이 소망도 없고 마음의 갈등도 없이 살아가고 있습니다. 그 사람들은 자신들이 우연히 이 땅에 존재하는 것이 아니라는 사실을 모르고 살아갈 뿐만 아니라, 그리스도께서 자신들의 과거의 모든 죄를 용서해 주시며, 이 땅에서 그리고 하늘의 영원한 처소를 향해 목적을 가지고 살아갈 수 있다는 사실조차도 모르고 살아가고 있습니다.

"그런즉 그들이 믿지 아니하는 이를 어찌 부르리요 듣지도 못한 이를 어찌 믿으리요 전파하는 자가 없이 어찌 들으리요"(롬 10:14).

2) 자기중심적인 지도자(Self-Serving Leadership)

① 세상은 자기중심적인 지도자들로 가득 차 있습니다.
② 세상은 다른 사람들을 섬기려는 동기를 가지고 이끄는 지도자들을 필요로 합니다.

"지혜로운 지도자가 없으면 나라가 망하여도, 조언자들이 많으면 그 나라가 평화롭다"(잠 11:14, 쉬운).

"왕은 악을 허용해서는 안 된다. 이것은 나라가 의로써 굳게 세워지기 때문이다"(잠 16:12, 현대).

"우상은 거짓을 말하며 점쟁이는 헛된 환상을 보고 거짓된 꿈을 말하니 그 위로가 헛될 뿐이다. 그러므로 백성들이 양처럼 방황하며 목자가 없으므로 어려움을 당하고 있다"(슥 10:2, 현대).

예수님은 리더십이란 섬기는 것이라고 말씀하셨습니다. 그리고 만약 여러분이 크고자 한다면, 모든 사람들에게 섬기는 자가 되는 것을 배우라고 말씀하셨습니다. 리더십의 목적은 '여러분을 돕는 많은 사람들을 양성하는 데' 있지 않고, '여러분이 얼마나 많은 사람들을 돕는가'에 있습니다. 진정한 지도자가 필요한 시대입니다.

3) 절대적인 빈곤(Extreme Poverty)

세상의 절반은 하루에 2천원 이하로 살아갑니다. 그리고 30억 명의 사람들이 절대적인 빈곤으로 어려움을 겪고 있습니다. 이 부의 불균형의 문제는 정말로 풀기 힘든 문제 중 하나이면서 지나치기 쉬운 문제입니다.

① 세계에서 일년에 8백만 명 이상의 사람들이 절대적인 빈곤으로 인해 죽어가고 있습니다.

② 이 세상 사람들의 1/3이 빈민가에서 삽니다.

"의인은 가난한 자의 사정을 알아 주나 악인은 알아 줄 지식이 없느니라"(잠 29:7).

당신은 어떤 범주에 속하십니까?

4) 전염성 질병(Pandemic Diseases)

예수님께서 이 땅에 계실 때 질병을 치유하는 의사의 역할도 하셨다는 것을 기억하십시오. 우리에게 있는 풍족한 의료 시설과 의료진의 기술을 나누어야 할 책임이 있습니다. 하나님은 우리에게 연약한 자들을 돌보라고 명령하셨습니다.

① 매년 1,100만 명의 어린이들이 예방할 수 있는 질병으로 죽어갑니다.
② 매일 2,700명의 어린이들이 다음과 같은 질병으로 죽어갑니다.
  - 더러운 물, 말라리아(학질), 에이즈
③ 3억 정도의 사람들이 치료될 수 있는 질병으로 고통 받고 있습니다. 이들 가운데 대부분이 5세 이하의 어린이들입니다.
④ 4천만 명 이상의 사람들의 후천성면역결핍증(AIDS)에 감염되어 있습니다.
⑤ 1,500만 명 이상의 어린이들이 부모 중 한 명 혹은 둘 다 잃어버렸습니다.

"너희가 그 연약한 자를 강하게 아니하며 병든 자를 고치지 아니하며 상한 자를 싸매 주지 아니하며 쫓기는 자를 돌아오게 하지 아니하며 잃어버린 자를 찾지 아니하고 다만 포악으로 그것들을 다스렸도다 목자가 없으므로 그것들이 흩어지고 흩어져서 모든 들짐승의 밥이 되었도다"(겔 34:4-5).

5) 광범위한 문맹(Rampant Illiteracy)

① 10억 이상의 사람들이 아직도 문맹입니다.
② 30억 이상 즉 세계 인구의 절반 정도가 언어의 실제적 사용측면에서 볼 때 문맹입니다.

"내 백성이 지식이 없으므로 망하는도다…"(호 4:6).

"그가 그리스도로 말미암아 우리를 자기와 화목하게 하시고 또 우리에게 화목하게 하는 직분을 주셨으니 곧 하나님께서 그리스도 안에 계시사 세상을 자기와 화목하게 하시며 그들의 죄를 그들에게 돌리지 아니하시고 화목하게 하는 말씀을 우리에게 부탁하셨느니라"(고후 5:18-19).

③ 어떤 정부의 기관이나 조직들도 이 엄청난 문제들을 해결할 만큼 충분한 역량이 없습니다.
④ 교회만이 이 일을 감당할 수 있습니다.
⑤ 교회만이 도덕적 권위를 가지고 있습니다.
⑥ 우리는 이 일을 감당할 수 있게 해 주는 하나님의 약속을 가지고 있습니다.
⑦ 진실은 이 세상에서 기쁜 소식을 "들을" 준비가 되어 있는 사람들이 매우 많다는 것입니다.
⑧ 문제는 그들에게 "가서" 기쁜 소식을 "전하는" 사람들이 충분하지 않다는 것입니다.

"이에 제자들에게 이르시되 추수할 것은 많되 일꾼이 적으니"(마 9:37).

"누구든지 주의 이름을 부르는 자는 구원을 받으리라 그런즉 그들이 믿지 아니하는 이를 어찌 부르리요 듣지도 못한 이를 어찌 믿으리요 전파하는 자가 없이 어찌 들으리요 보내심을 받지 아니하였으

면 어찌 전파하리요 기록된 바 아름답도다 좋은 소식을 전하는 자들의 발이여 함과 같으니라"(롬 10:13-15).

> **인도자를 위한 팁**
>
> 다섯 가지 극복하기 어려운 문제를 해결하기 위해서 새들백 교회가 다섯 가지 대책을 내세웠다.
> ① 교회를 개척한다(Plant Churches).
> ② 섬기는 지도자를 양성한다(Equip Servant Leaders).
> ③ 빈민 구제사역을 한다(Assist the Poor).
> ④ 병자들을 돌본다(Care for the Sick).
> ⑤ 다음 세대를 교육한다(Educate the Next Generation).
>
> 위의 다섯 가지 전략의 첫 알파벳을 모아서 조합한 것이 바로 피스(P.E.A.C.E.)이다.

3. 피스사역의 전략
   (다섯 가지 극복하기 어려운 문제들에 대한 하나님의 해결책)

영적인 공허(Spiritual Emptiness), 자기중심적인 지도자(Self-Serving Leadership), 절대적인 빈곤(Extreme Poverty), 전염성 질병(Pandemic Diseases), 광범위한 문맹(Rampant Illiteracy)이라는 이 시대의 거인들을 대상으로 우리는 무엇을 할 수 있을까요? 우선 우리가 해야 할 일은, 나는 아무것도 할 수 없다는 마음을 버려야 합니다. 나 혼자는 불가능하지만, 우리 교회와 지역이 전 세계의 교회와 연합하여 무엇인가를 할 수 있다는 마음을 가지시기 바랍니다. 하나님으로부터 능력을 부여받은 보통 사람들이 함께 힘을 모으면 변화를 일으킬 수 있습니다.

첫째, 영적인 공허(Spiritual Emptiness)를 극복하기 위한 우리의 해결책은 다음과 같습니다.

1) 교회를 <u>개척</u>합니다(Plant Churches).

"내가 그리스도의 이름을 부르는 곳에는 복음(기쁜 소식)을 전하지 않기를 힘썼노니 이는 남의 터 위에 건축하지 아니하려 함이라"(롬 15:20).

"심는 이와 물 주는 이는 한가지이나 각각 자기가 일한 대로 자기의 상을 받으리라 우리는 하나님의 동역자들이요 너희는 하나님의 밭이요 하나님의 집이니라"(고전 3:8-9).

"사랑하는 자여 네가 무엇이든지 형제 곧 나그네 된 자들에게 행하는 것은 신실한 일이니"(요삼 5).

① 당신은 어떻게 교회들을 세울 수 있겠습니까?

75페이지의 예수님의 모범을 참고하시고 개인적으로 생각해 보십시오. 그리고 80페이지에서 제공하는 방법을 참고하여 개인적인 피스사역 계획을 세워 보기 바랍니다.

둘째, 자기중심적인 지도자(Self-Serving Leadership)를 극복하기 위한 우리의 해결책은 다음과 같습니다.

2) 섬기는 <u>지도자</u>를 양성합니다(Equip Servant Leaders).

"또 네가 많은 증인 앞에서 내게 들은 바를 충성된 사람들에게 부탁하라 그들이 또 다른 사람들을 가르칠 수 있으리라"(딤후 2:2).

① 예수님은 섬기는 지도자의 완벽한 모범이 되십니다.

"내가 너희에게 행한 것 같이 너희도 행하게 하려 하여 본을 보였노라"(요 13:15).

"만물을 창조하시고 보존하시는 하나님이 많은 사람을 영광으로 인도하시려고 구원의 창시자이신 예수님을 고난을 통해 완전하게 하신 것은 너무나 당연한 일이었습니다"(히 2:10, 현대).

② 당신은 섬기는 지도자들을 준비시키는 일에 어떻게 협력할 수 있겠습니까?

75페이지의 예수님의 모범을 참고하시고 개인적으로 생각해 보십시오. 그리고 82페이지에서 제공하는 방법을 참고하여 개인적인 피스 사역 계획을 세워 보기 바랍니다.

셋째, 절대적인 빈곤(Extreme Poverty)을 극복하기 위한 우리의 해결책은 다음과 같습니다.

3) 빈민 <u>구제</u> 사역을 합니다(Assist the Poor).

하나님이 세상에서 총애하시는 사람들이 있을까요?
예, 하나님께서는 가난한 사람들과 그들을 돕는 사람들을 총애하십니다.

"하나님 아버지 앞에서 정결하고 더러움이 없는 경건은 곧 고아와 과부를 그 환난 중에 돌보고 또 자기를 지켜 세속에 물들지 아니하는 그것이니라"(약 1:27).

"가난한 자를 보살펴 주는 자는 복이 있으니 환난 때에 여호와께서 그를 구하실 것이다"(시 41:1, 현대).

"가난한 자를 불쌍히 여기는 것은 여호와께 꾸어 드리는 것이니 그의 선행을 그에게 갚아 주시리라"(잠 19:17).

① 당신은 가난한 사람들을 어떻게 도울 수 있습니까?

76페이지의 예수님의 모범을 참고하시고 개인적으로 생각해 보십시오. 그리고 82페이지에서 제공하는 방법을 참고하여 개인적인 피스 사역 계획을 세워 보기 바랍니다.

넷째, 전염성 질병(Pandemic Diseases)을 극복하기 위한 우리의 해결책은 다음과 같습니다.

4) 병자들을 돌봅니다(Care for the Sick).

"그가 우리를 위하여 목숨을 버리셨으니 우리가 이로써 사랑을 알고 우리도 형제들을 위하여 목숨을 버리는 것이 마땅하니라 누가 이 세상의 재물을 가지고 형제의 궁핍함을 보고도 도와줄 마음을 닫으면 하나님의 사랑이 어찌 그 속에 거하겠느냐"(요일 3:16-17).

"너희 아버지의 자비로우심같이 너희도 자비로운 자가 되라"(눅 6:36).

① 당신은 병자들을 위해 무엇을 할 수 있습니까?

76페이지의 예수님의 모범을 참고하시고 개인적으로 생각해 보십시오. 그리고 83페이지에서 제공하는 방법을 참고하여 개인적인 피스 사역 계획을 세워 보기 바랍니다.

다섯째, 광범위한 문맹(Rampant Illiteracy)을 극복하기 위한 우리의 해결책은 다음과 같습니다.

5) 다음 세대를 교육합니다(Educate the Next Generation).

"여호와께서 증거를 야곱에게 세우시며 법도를 이스라엘에게 정하시고 우리 조상들에게 명령하사 그들의 자손에게 알리라 하셨으니 이는 그들로 후대 곧 태어날 자손에게 이를 알게 하고 그들은 일어

나 그들의 자손에게 일러서 그들로 그들의 소망을 하나님께 두며 하나님께서 행하신 일을 잊지 아니하고 오직 그의 계명을 지켜서 그들의 조상들 곧 완고하고 패역하여 그들의 마음이 정직하지 못하며 그 심령이 하나님께 충성하지 아니하는 세대와 같이 되지 아니하게 하심이로다"(시 78:5-8).

① 당신은 다음 세대를 가르치는 일에 도움을 줄 수 있습니까?

77페이지의 예수님의 모범을 참고하시고 개인적으로 생각해 보십시오. 그리고 84페이지에서 제공하는 방법을 참고하여 개인적인 피스사역 계획을 세워 보기 바랍니다.

이러한 해결책은 우리의 생각에서 나온 것이 아닙니다. 예수님께서 지상에서 사역하실 때에 이러한 사역의 모범을 보이셨습니다. 예수님의 모범을 살펴보고 여러분들이 실천에 옮길 수 있는 개인적인 피스사역을 계획해 보십시오.

4. 피스사역의 모범 되신 예수님

우리는 피스사역의 전략을 예수님의 삶 가운데서 분명히 볼 수 있습니다. 이 전략은 하나님께서 예수님을 보내셔서 성취하게 하신 예수님의 사명 성취에 잘 나타납니다.

1) 예수님은 교회를 개척하셨습니다(P-lanting churches).
　예수님 자신이 영적 공허에 대한 해결책이십니다.

예수님께서는 참다운 교회의 개척자가 되십니다. 예수님은 교회의 머리가 되시는 분이십니다. 교회의 머리되신 예수님께서 이 땅에 오셨다는 것만으로 영적인 공허가 설 자리는 없습니다. 우리는 그분을 머리로 하는 예수님의 몸으로 교회 개척사역을 하는 것입니다. 예수님은 피스사역의 모범이 되십니다.

"예수께서 또 말씀하여 이르시되 나는 세상의 빛이니 나를 따르는 자는 어둠에 다니지 아니하고 생명의 빛을 얻으리라"(요 8:12).

"나는 빛으로 세상에 왔나니 무릇 나를 믿는 자로 어둠에 거하지 않게 하려 함이로라"(요 12:46).

"…내가 이 반석 위에 내 교회를 세우리니 음부의 권세가 이기지 못하리라"(마 16:18).

2) 예수님은 섬기는 지도자들을 양성하셨습니다(E-quipping Servant Leaders).
  예수님은 방황하던 사람들을 불러 지도하며 준비시키셨습니다.

예수님의 제자훈련의 결과로 초대교회 지도자들이 탄생했습니다. 첫 제자들은 처음부터 뛰어난 리더십을 발휘하는 지도자들이 아니었습니다. 주님의 모범을 보고, 주님의 가르침을 받고, 부활하신 주님의 훈련을 받아 사역자의 자리에 서게 된 것입니다. 예수님은 제자들이 자신들의 모든 선한 영향력을 다 발휘할 수 있도록 그들을 준비시키셨습니다. 예수님은 피스사역의 모범이 되십니다.

"예수께서 이르시되 나를 따라오라 내가 너희로 사람을 낚는 어부가 되게 하리라 하시니"(막 1:17).

"너희는 내가 명하는 대로 행하면 곧 나의 친구라 이제부터는 너희를 종이라 하지 아니하리니 종은 주인이 하는 것을 알지 못함이라 너희를 친구라 하였노니 내가 내 아버지께 들은 것을 다 너희에게 알게 하였음이라"(요 15:14-15).

"예수께서 나오사 큰 무리를 보시고 그 목자 없는 양 같음으로 인하여 불쌍히 여기사 이에 여러 가지로 가르치시더라"(막 6:34).

3) 예수님은 가난한 사람들을 도우셨습니다(A-ssisting the poor).
　예수님은 가난한 사람들과 자신을 동일하게 보셨습니다.

예수님은 모든 사람을 사회적 편견 없이 평등하게 바라보셨습니다. 오히려 사회적 약자들에게 다가가 그들의 진정한 필요를 채우시고, 편견에 사로잡힌 지도층을 꾸짖으시며 연약한 자들 편에 서셨습니다. 예수님은 피스사역의 모범이 되십니다.

　"우리 주 예수 그리스도의 은혜를 너희가 알거니와 부요하신 이로서 너희를 위하여 가난하게 되심은 그의 가난함으로 말미암아 너희를 부요하게 하려 하심이라"(고후 8:9).

　"너희 가난한 자는 복이 있나니 하나님의 나라가 너희 것임이요"(눅6:20).

　"또 자기를 청한 자에게 이르시되 네가 점심이나 저녁이나 베풀거든 벗이나 형제나 친척이나 부한 이웃을 청하지 말라 두렵건대 그 사람들이 너를 도로 청하여 네게 갚음이 될까 하노라 잔치를 베풀거든 차라리 가난한 자들과 몸 불편한 자들과 저는 자들과 맹인들을 청하라 그리하면 그들이 갚을 것이 없으므로 네게 복이 되리니 이는 의인들의 부활시에 네가 갚음을 받겠음이라 하시더라"(눅 14:12-14).

4) 예수님은 병자들을 돌보셨습니다(Caring for the sick).
　예수님은 아프거나 병에 걸린 사람의 건강을 회복시켜주셨습니다.

예수님께서 2000여 년 전 이 땅에 계실 때, 예수님을 만나는 사람들은 질병에서 자유함을 얻었습니다. 그는 우리를 죄에서 자유케 하셨을 뿐 아니라 우리를 모든 질병에서도 자유케 하시는 분이십니다. 참된 치료자이십니다. 예수님은 피스사역의 모범이 되십니다.

"예수께서 온 갈릴리에 두루 다니사 그들의 회당에서 가르치시며 천국 복음을 전파하시며 백성 중의 모든 병과 모든 약한 것을 고치시니 그의 소문이 온 수리아에 퍼진지라 사람들이 모든 앓는 자 곧 각종 병에 걸려서 고통당하는 자, 귀신 들린 자, 간질하는 자, 중풍병자들을 데려오니 그들을 고치시더라"(마 4:23-24).

5) 다음 세대를 교육하셨습니다(E-ducating the next generation).
예수님은 지식이 부족한 사람들을 가르치셨습니다.

수많은 사람들이 예수님의 가르침을 받았습니다. 우리가 이름을 아는 예수님의 제자들은 소수에 지나지 않습니다. 하지만 예수님이 가시는 곳마다 허다한 무리들이 따랐고, 예수님은 그들에게 가르침을 베풀었습니다. 예수님의 숨은 제자들은 사회 곳곳에서 그들의 역할을 감당했습니다. 예수님은 피스사역의 모범이 되십니다.

"예수께서 이 말씀을 마치시매 무리들이 그의 가르치심에 놀라니 이는 그 가르치시는 것이 권위 있는 자와 같고 그들의 서기관들과 같지 아니함일러라"(마 7:28-29).

"안식일이 되어 회당에서 가르치시니 많은 사람이 듣고 놀라 이르되 이 사람이 어디서 이런 것을 얻었느냐 이 사람이 받은 지혜와 그 손으로 이루어지는 이런 권능이 어찌됨이냐"(막 6:2).

예수님께서는 우리보다 앞서 피스(P.E.A.C.E.)사역을 통해
사명을 실행하는 삶을 모범으로 보여 주셨습니다.

핵심 질문 : "당신은 당신의 삶을 피스사역에
기꺼이 바치시겠습니까?"

우리는 이 시대의 다루기 힘든 거인들이 영적인 공허(Spiritual Emptiness), 자기중심적인 지도자(Self-Serving Leadership), 절대적인 빈곤(Extreme

Poverty), 전염성 질병(Pandemic Diseases), 광범위한 문맹(Rampant Illiteracy)이라는 것을 알았고, 그러한 거인들을 대항하여 행할 전략들을 생각하고, 예수님께서 먼저 모범을 보이신 것을 보았습니다. 우리가 예수님의 모범을 따라 이 피스사역을 감당하기 위해서 무엇이 필요한지 살펴보겠습니다.

5. 피스사역을 감당하며 살려면 무엇이 필요합니까?

우리가 진정 세상의 빛이 되기 위해서는 우리 자신들이 먼저 변화되어야 합니다. 우리의 삶이 하나님의 사랑으로 빛날 때 우리는 사람들을 예수 그리스도께로 이끌 수 있게 됩니다.

우리는 우리의 삶을 다음과 같이 변화시켜야 합니다.

모든 것은 여러분의 마음에서 시작합니다. 만약 여러분이 느끼는 방법을 변화시키고 싶다면, 여러분의 사고방식을 고쳐야 합니다. 마지막으로 21세기 이 위대한 운동에서 하나님의 계획을 알기 위해서는 여러분의 머릿속이 변화되어야 합니다. 다섯 가지 영역에서 전환이 필요합니다. 그 다섯 가지는 아래와 같습니다.

1) 우리의 삶을 자기중심에서 하나님 중심으로 변화시켜야 합니다.

"오직 성령이 너희에게 임하시면 너희가 권능을 받고 예루살렘과 온 유대와 사마리아와 땅끝까지 이르러 내 증인이 되리라 하시니라"(행 1:8).

"하나님은 우리에게 두려워하는 마음을 주신 것이 아니라 능력과 사랑과 절제하는 마음을 주셨습니다. 그러므로 그대는 우리 주님을 증거하는 일과 내가 주님을 위해 갇힌 것을 부끄러워하지 말고 오히려 하나님의 능력으로 나처럼 기쁜 소식을 위해 고난을 받으시오"(딤후 1:7-8, 현대).

예수 그리스도를 사랑하는 것보다 더 소중한 것은 이 세상에 없습니다. 우리는 끊임없이 걷고, 끊임없이 말하는 시청각 교육 도구와 같은 기독교인이 필요합니다. 우리는 이렇게 말할 필요가 있습니다.

"하나님, 이 세상에서 저의 욕망을 없애고 전적으로 하나님의 목적에 헌신하겠습니다. 하나님, 저의 삶에 무엇을 계획하고 계십니까?"

그리고 나의 목표, 나의 야망, 나의 꿈, 나의 소원, 나의 생각, 나의 이기심, 나의 계획 등, 자기중심 사고에서 "왜 하나님이 이 세상에 나를 보내셨는가?"라는 생각으로 전환하십시오.

2) 우리의 삶을 <u>지역</u> 지향에서 <u>세계</u> 지향으로 변화시켜야 합니다.

왜냐하면 하나님이 우리에게 바라시는 것이 세계 지향적인 삶이기 때문입니다. 여러분은 여러분의 가족, 여러분의 사업, 여러분이 사는 곳의 사람들에게 영향력이 미치도록 초점을 맞추면서 삶을 꾸려 나가는 지도 모릅니다. 그러나 하나님은 최소한 여러분이 문화의 장벽을 뛰어넘는 경험을 하기를 원하십니다.

우리는 선택해야 합니다. 우리는 세상적인(worldly) 크리스천이 될 수도 있고, 세계적인(World-Class) 크리스천이 될 수도 있습니다. 여러분은 어느 쪽을 선택하시겠습니까?

시편에서는 다음과 같이 말합니다.

"내게 구하라 내가 이방 나라를 네 유업으로 주리니 네 소유가 땅 끝까지 이르리로다"(시 2:8).

이렇게 기도하십시오. "하나님, 저희가 어느 나라를 위해 기도하기를 원하십니까? 어느 나라를 저희에게 주시렵니까?"

세계 뉴스를 "선교사적 시각"으로 본 후에 기도하십시오!

이것은 '지상명령을 완수하기 위한 관점'(Great Commission Eyes)으로 신문과 뉴스를 보는 것입니다. 변화와 갈등이 있을 때마다 우리는 하나

님이 그 일들을 통해서 사람들을 구원하신다는 것을 알 수 있습니다. 앞에서 살펴본 것처럼 사람들은 긴장상황이나 전환기에 하나님을 가장 잘 받아들입니다.

"인류의 모든 족속을 한 혈통으로 만드사 온 땅에 살게 하시고 그들의 연대를 정하시며 거주의 경계를 한정하셨으니 이는 사람으로 혹 하나님을 더듬어 찾아 발견하게 하려 하심이로되 그는 우리 각 사람에게서 멀리 계시지 아니하도다"(행 17:26-27).

3) 우리의 삶을 임시적인 가치에서 영원한 가치로 변화시켜야 합니다.

2009년 한 해 24만 7천여 명이 사망했다고 합니다. 죽으면 다시는 기회가 없습니다. 연옥이란 없습니다. 지옥의 변방도 없습니다. 심판의 날에는 양자택일만 있을 뿐입니다. 두 번째 기회는 없습니다. 복음(good news)이란 살아 있을 때 들어야 좋은 소식(good news)입니다. 사람들에게는 하나님이 필요합니다.

"예수께서 이르시되 손에 쟁기를 잡고 뒤를 돌아보는 자는 하나님의 나라에 합당하지 아니하니라 하시니라"(눅 9:62).

여러분 일생의 임무를 방해하는 것은 무엇입니까? 여러분의 경력? 이성 친구? 취미? 은퇴 계획? 여러분을 괴롭히는 것은 무엇입니까? 자기 영혼과 무엇을 바꿀 수 있겠습니까? 일시적인 것에 여러분의 인생을 바꾸지 마십시오.

"병사로 복무하는 자는 자기 생활에 얽매이는 자가 하나도 없나니 이는 병사로 모집한 자를 기쁘게 하려 함이라"(딤후 2:4).

101과정에서 우리는 '가족으로서 교회'에 대해 이야기합니다. 201과정에서는 '학교로서의 교회', '성장하는 곳으로서의 교회'에 대해 이야기합니다. 301과정에서는 '사역의 한 팀으로서 교회'를 이야기합니다. 그러나 401과정에서는 또한 '군대로서의 교회'를 알려 주고 있습니다. 하나님은 군에서 사역하는 어떠한 사람도 민간인들의 문제를 걱정하지 못한다고 했습니다. 그들이 해야 하는 것은 오직 그들의 사령관을 기쁘게 하는 것입니다.

"그런즉 너희는 먼저 그의 나라와 그의 의를 구하라 그리하면 이 모든 것을 너희에게 더하시리라"(마 6:33).

이 메시지를 의역하면 다음과 같습니다. "하나님의 실체, 하나님의 주도, 하나님의 준비하심에 너희의 삶이 빠져들게 하라. 명단이 누락될까 봐 걱정하지 말라. 너희는 날마다 육신의 욕구와 걱정을 만나게 될 것이다." 우리는 일시적인 가치로부터 영원한 가치로 전환해야 합니다.

4) 우리의 삶을 <u>안전</u>에서 <u>섬김</u>으로 변화시켜야 합니다.

만약 여러분이 현장에서 사람들을 전도하고 싶고, 하나님이 원하시는 삶을 살 예정이라면, 우리의 안전에 연연해서는 안 됩니다. 우리의 삶을 하나님을 위한 섬김의 삶으로 바꿔야 합니다. 성경은 다음과 같이 말합니다.

"누구든지 자기 목숨을 구원하고자 하면 잃을 것이요 누구든지 나와 복음을 위하여 자기 목숨을 잃으면 구원하리라"(막 8:35).

하나님께 가장 소중한 것이 무엇인지 아십니까? 그것은 여러분과 저를 위하여 피 흘리신 하나님의 아들 예수 그리스도의 죽음입니다. 두 번째 중요한 것은 하나님의 자녀들이 예수 그리스도가 저들을 위해 십자가에 돌아가셨다는 사실을 다른 이들에게 나누는 것입니다.

"이러므로 우리에게 구름같이 둘러싼 허다한 증인들이 있으니 모든 무거운 것과 얽매이기 쉬운 죄를 벗어 버리고 인내로써 우리 앞에 당한 경주를 하며"(히 12:1).

여러분의 평생 임무를 수행하는 길을 가로막는 것은 무엇입니까? 그게 무엇이더라도 버리십시오. 우리는 하나님의 사랑을 증거하는 삶을 살아야 합니다. 여러분은 여러분의 상관, 이웃, 친척이나 예수 그리스도를 알지 못하는 친구에 의해 감시 받는다는 것을 의식하며 살 필요가 있습니다. 그들이 왜 지옥으로 떨어졌는지 하나님께서 묻게 될 그날을 생각하면 살아야 합니다. 왜냐하면 그들은 여러분을 핑계로 대면서 쳐다볼 것이기 때문입니다. 그러므로 우리는 우리의 관심을 자신의 안전에서 타인을 섬기는 것으로 전환해야 합니다.

5) 우리의 삶을 <u>편안함</u>에서 <u>희생</u>으로 변화시켜야 합니다.

만약 여러분이 하나님이 원하시는 대로 살고 평생 전도를 한다면, 안일하고 편안한 생각을 희생정신으로 바꿔야 합니다.

> "그러므로 형제들아 내가 하나님의 모든 자비하심으로 너희를 권하노니 너희 몸을 하나님이 기뻐하시는 거룩한 산 제물로 드리라 이는 너희가 드릴 영적 예배니라"(롬 12:1).

하나님이 여러분에게 행했던 모든 것을 비추어볼 때 여러분은 결코 하나님을 버릴 수는 없습니다. 예수 그리스도는 여러분을 위해 엄청난 희생을 치르셨습니다. 또 로마서에서 이렇게 말씀하셨습니다.

> "또한 너희 지체를 불의의 무기로 죄에게 내주지 말고 오직 너희 자신을 죽은 자 가운데서 다시 살아난 자같이 하나님께 드리며 너희 지체를 의의 무기로 <u>하나님께 드리라</u>"(롬 6:13).

'하나님께 드리라'에 밑줄 치십시오. 여러분의 모든 부분을 드리십시오. 우리는 하나님의 선하신 목적에 쓰임 받는 도구가 되길 원해야 합니다. 기억하십시오. 예수님은 그들의 사업을 떠나 하나님을 따를 성숙한 성인(成人)을 부르고 계십니다. "나를 따르라. 나는 너를 어부로 만들리라"라고 어업에 종사하는 사람에게 말씀하셨습니다. 십대 어린이에게 이렇게 말씀하지 않으셨습니다. 이십대에게도 말씀하지 않으셨습니다. 그들은 이미 직업전선에 적극적으로 매달리고 있는 사람이었습니다. "너희 그물을 걷고 나를 따르라."

우리의 젊은이들은 몰몬교도들보다 더 열심히 전도해야 합니다. 사람들이 거짓을 위해 하는 전도를 우리는 진실을 위해 해야 합니다.

'증거'라는 단어는 그리스어 'μαρτψρ'(순교)에서 파생된 마르투스(martus)입니다. 희생 없는 나눔은 있을 수 없습니다. 그리고 인생의 임무를 충실하게 하고 싶다면 희생을 각오해야 합니다.

> "예수께서 이르시되 내가 진실로 너희에게 이르노니 나와 복음을 위하여 집이나 형제나 자매나 어머니나 아버지나 자식이나 전토를 버린 자는 현세에 있어 집과 형제와 자매와 어머니와 자식과 전토를 <u>백</u> 배나 받되 박해를 겸하여 받고 내세에 영생을 받지 못할 자가 없느니라"(막 10:29-30).

'백 배'라는 말에 밑줄 치십시오. 바로 1만 퍼센트 이자입니다. 하나님 나라에 투자해서 이익을 얻는 것보다 더 큰 투자는 없습니다. 하나님은 원금의 1만 퍼센트 이자를 쳐주십니다. 그와 그의 나라, 복음을 위해 여러분이 모든 것을 포기했을 때 100배의 보상을 받을 것입니다. 정말 엄청난 투자입니다.

인도자를 위한 팁 / 헌신에 대한 설교

다음은 릭 워렌의 메시지입니다. 참고해서 401과정 참가자들이 하나님 나라의 일에 쓰임 받을 수 있는 기회를 차지할 수 있도록 지도하십시오.

내 일생의 투자 가이드

지금 당신은 어디에 있으며 6개월 후에는 어디에 있고 싶습니까?
매주 믿지 않는 사람들과 관계를 맺기 위해 당신이 투자하는 시간을 측정해 보십시오. 당신의 재능은 어떻습니까? 당신이 가진

재능을 경력이나 취미를 위해 모두 사용합니까? 당신 재능의 일부를 목회나 전도에 사용합니까? 당신의 재물은 어떻습니까? 하나님 나라를 위해 내 보물을 투자합니까? 당신 재산의 얼마 정도를 하나님 나라를 위해 사용합니까?

저는 당신이 영원을 위해 준비한 시간, 재능, 재정 등 자신이 가지고 있는 것 그것이 무엇이든지 간에, 당신이 할 수 있는 것보다 더 많이 사용하기를 원합니다. 장차 우리가 투자할 최고의 투자는 주식이 아닙니다. 그것은 어느 날 예수님 앞에 설 때에 그가 "잘 하였도다 충성된 종아. 적은 일에도 충성을 하였으니 큰일도 충성을 다 하겠구나"라는 말씀을 듣는 것입니다.

성경은 "오직 너희를 위해 보물을 하늘에 쌓아 두라 거기는 좀이나 동록이 해하지 못하며 도둑이 구멍을 뚫지도 못하고 도둑질도 못하느니라"(마 6:20)라고 말합니다. 어떻게 보물을 하늘나라로 보낼 수 있습니까? 당신은 그 보물을 가져갈 수는 없지만 미리 보낼 수는 있습니다. 그곳에 가는 사람에게 투자를 할 때 가능합니다. 이것이 하늘나라에 보물을 저장하는 방법입니다. 하늘나라로 가는 사람에게 투자하십시오.

다음은 성경에서 가장 이상하고 잘못 해석될 가능성이 제일 많은 구절입니다.

"내가 너희에게 말하노니 불의의 재물로 친구를 사귀라(내가 말하노니 나른 사람을 이롭게 하고 친구를 삼기 위해서 이 세상의 너의 재물을 사용하라)"(눅 16:9).

하나님이 무엇을 말씀하고 있습니까? "이리하여 너의 관대함이 네가 천국에서 받을 상급을 늘리리라." 이 세상에서 같이 지낼 친구를 사귀라는 말씀이 아닙니다. 하늘나라에서 같이 사귈 친구를 만들라는 말씀입니다. 당신의 돈을 가지고 사람들이 천국으로 가도록 전도에 투자를 한다면 당신은 천국에 투자하는 셈이고, 천국에 갔을 때 당신의 관용은 상급으로 저장되어 있을 것입니다. 당신이 천국에서 할 수 없는 두 가지의 일이 있습니다. 그것은 죄와 증거입니다. 하나님은 당신이 죄짓게 하기 위해 여기에 당신을 남겨

두지 않습니다. 다른 사람에게 말하라고 여기에 두신 것입니다.

이제 좀 더 잘 알게 된 당신의 나머지 인생을 위해 무엇을 하며 보낼 것입니까? 선택은 당신의 몫입니다.

우리는 이 땅에서 하나님의 목적에 따라 봉사할 것입니다. 어떻게 할 수 있습니까? 만약 당신이 삶을 청결히 유지한다면 하나님의 목적에 따라 쓰일 도구가 될 것입니다. 당신의 삶은 모든 좋은 일에 사용하기 위해 청결할 것이며 주인을 위해 준비될 것입니다. 하나님의 뜻에 따라 사용되기 위해 당신의 삶을 청결하게 하는 데 무엇이 필요합니까? 저는 당신이 다음과 같이 말한 사도 바울처럼 되기를 기도합니다.

"내가 달려갈 길과 주 예수께 받은 사명 곧 하나님의 은혜의 복음을 증언하는 일을 마치려 함에는 나의 생명조차 조금도 귀한 것으로 여기지 아니하노라"(행 20:24).

큰 기쁨도, 큰 목적도, 크게 의미 있는 삶도 없습니다. 당신이 다른 사람을 위해 할 수 있는 가장 위대한 일은 그들을 천국으로 인도하는 것입니다. 영원한 생명을 인치는 것보다 다른 사람을 위해 더 이상 중요한 일을 할 수 없습니다. 사도 바울은 이것이 우리 삶의 목적이라고 말했습니다. 우리에게 희망과 기쁨을 주는 삶의 목적입니다. 이것은 자랑스러운 상급과 왕관입니다. 바로 그것이 당신인 것입니다. 그렇습니다. 하나님이 다시 오셨을 때에 하나님 앞에 떳떳이 설 수 있도록 당신은 우리에게 많은 기쁨을 가져다 주었습니다.

어느 날 하나님 앞에 섰을 때 하나님의 최종적인 세 가지 질문이 있을 것입니다. 첫 질문은 "내 아들 예수를 위해 너는 무엇을 했느냐?"입니다. 당신은 답을 알고 있습니다. "저는 그분을 저의 삶 안으로 영접하였습니다. 저는 그분을 저의 구세주로 모셨으며, 그의 구원을 믿었고, 그가 나의 주님이십니다." 그리고 두 번째는 "내가 준 것으로 너는 무엇을 하였느냐?"고 질문을 하실 것입니다. "모든 것을 잘 해냈습니다. 은퇴도 하고요." 사역에 대한 질문입니다. 세 번째 질문은 천국에 왔을 때 하실 것입니다. "너는 여기에

> 데리고 온 사람이 있느냐? 네가 여기에 같이 올 만큼 그들을 잘 보살폈느냐? 너로 인해 천국에 들어 올 사람이 있느냐?"
> "주여, 험난한 저의 삶 속에서 무엇을 사용하시든지 주께서 나를 써 주시를 원하나이다"라고 말하고 싶으십니까? 당신은 신학자가 될 필요가 없습니다. 성경학자도 될 필요가 없습니다. 하나님이 당신께 했던 일을 다른 사람과 나누는 일만 하면 됩니다.

III. 피스사역을 위한 계획

피스사역을 이루기 위한 구체적 계획에는 다음 세 가지가 있습니다.

1) 개인적인 피스사역 계획(Personal P.E.A.C.E. Plan)
  모든 지체는 각자의 이웃, 직장, 학교 등에서 개인적으로 피스사역의 원리를 적용해야 합니다.

2) 지역적인 피스사역 계획(Local P.E.A.C.E. Plan)
  지역사회의 평화사역에 참여하는 모든 소그룹과 소속된 각 지체들이 실행합니다.

3) 세계적인 피스사역 계획(Global P.E.A.C.E. Plan)
  교회가 아직 세워지지 않은 지역의 구원받지 못한 사람들을 위한 선교에 참여한 소그룹들이 실행합니다.

> 새들백 이야기 :
> 새들백 교회의 2만 명 성도들 가운데 6천 명 정도가 이 피스사역을 위해서 해외사역을 감당했습니다. 특히 르완다 대통령이 『목적이 이끄는 삶』을 읽고 감동을 받아 릭 워렌 목사에게 피스사역을 르완다에서 펼쳐 줄 것을 요청했습니다. 르완다 대통령이 목적이 이끄는 나라가 되기를 원한다는 것이었습니다. 그래서 르완다를 목적이 이끄는 나라로 재건설 하는 데 새들백 교회가 많은 투자를 하고 있습니다. 이 르완다를 발판으로 삼아서 아프리카를 위한 피스사역을 활발하게 펼치고 있습니다.

지역적인 피스사역 계획과 세계적인 피스사역 계획은 교회와 연합사역 차원에서 이루어질 것입니다. 여기에서는 여러분 개인적으로 결정하고 사역할 수 있는 개인적인 피스사역을 계획해 보도록 하겠습니다.

1. 개인적인 피스사역 계획

"예수께서 이르시되 네 마음을 다하고 목숨을 다하고 뜻을 다하여 주 너의 하나님을 사랑하라 하셨으니 이것이 크고 첫째 되는 계명이요 둘째도 그와 같으니 네 이웃을 네 자신같이 사랑하라 하셨으니"(마 22:37-39).

① 하나님께서 당신을 먼저 불러주신 이유는 당신이 주위 사람들 가운데 무엇인가가 필요한 사람들을 돌보면서 그들이 개인적으로 복음에 반응할 수 있도록 돕기 위한 것입니다.
② 개인적인 피스사역이란 당신 주위의 사람들(가족, 친척, 친구, 이웃-동료, 지인들)을 도와줌으로써 그들이 예수 그리스도와 관계 맺는 길로 나갈 수 있게 하는 것입니다.
③ 개인적인 피스사역은 각 사람이 피스사역 계획의 실행을 쉽게 시작할 수 있는 길입니다. 지역적인 피스사역과 세계적인 피스사역은 당신이 속한 소그룹을 통해 이뤄집니다.

④ 다음의 개인적인 피스사역 계획은 당신이 이 사역을 시작할 수 있도록 해주는 몇 가지 좋은 예들을 간추린 것입니다. 창조적으로 실행해 나가면서 하나님의 이끄심에 순종하십시오.

1) 영적인 공허 = "교회를 세운다!"

① 예수님의 모범
"…내가 이 반석 위에 내 교회를 세우리니 음부의 권세가 이기지 못하리라"(마 16:18).

② 당신이 할 수 있는 일
- 이웃 사람들, 직장 동료들, 혹은 학교에서 만난 사람들을 잘 알아가도록 힘씁니다. 더불어 당신 주위에 있는 사람들을 돌봐주십시오.
- 예수님과 개인적으로 알지 못하는 세 사람을 정하고 기도하십시오.
- 당신의 간증을 통해 기쁜 소식을 나눌 수 있는 기회를 찾으십시오. 전도 대상자들에게 도움이 될 만한 책을 선물해 주십시오.
- 전도 대상자들을 교회 예배로 초대하십시오.
- 하나님이 당신을 사용하셔서 새 그룹을 시작하실 수 있다는 것을 믿으십시오. 예수님과 관계를 맺지 못한 3~4명의 사람들을 위해 기도를 시작하고, 그들을 당신이 이끌 새로운 소그룹으로 초대하십시오. 바로 이것이 "교회를 세우는 것"입니다.

2) 자기중심적인 지도자 = "섬기는 지도자를 양성한다!"

① 예수님의 모범
"예수께서 이르시되 나를 따라오라 내가 너희로 사람을 낚는 어부가 되게 하리라 하시니"(막 1:17).

② 당신이 할 수 있는 일
- 당신이 속한 지역사회, 직장 혹은 학교를 이끄는 지도자들을

위해 기도하며, 그들이 예수님을 알게 되고 예수님께서 보여주셨던 대로 사람들을 이끌 수 있도록 협력하십시오.
- 성도들이 하나님과의 관계에서 한 단계 더 진보하도록 도우십시오. 『목적이 이끄는 삶』을 읽도록 권하며 대화를 나누십시오.
- 소그룹에 참여하지 않는 구도자 및 성도들을 당신의 소그룹에 초대하십시오.
- 당신이 이끄는 소그룹에 참여하는 어떤 사람이 당신과 함께 그룹을 이끌 수 있도록 힘을 주며 격려하십시오.
- 당신의 소그룹에 속한 모든 사람들이 다음 몇 달 안으로 〈목적이 이끄는 양육〉과정(101-401)을 마무리하도록 격려하십시오.

3) 절대적 빈곤 = "가난한 사람들을 돕는다!"

① 예수님의 모범
"잔치를 베풀거든 차라리 가난한 자들과 몸 불편한 자들과 저는 자들과 맹인들을 청하라 그리하면 그들이 갚을 것이 없으므로 네게 복이 되리니 이는 의인들의 부활시에 네가 갚음을 받겠음이라 하시더라"(눅 14:13-14).

② 당신이 할 수 있는 일
- 당신이 관계 맺고 있는 사람들 중에 경제적으로 큰 도움이 필요한 사람들을 위해 기도하십시오.
- 당신의 주위에 있는 가난한 사람들을 의식할 수 있도록 하나님께 간구하십시오. 당신의 시간, 능력, 물질(십일조 이외)의 일부를 드려 이런 사람들을 도우십시오.
- 가난한 사람들을 실제적으로 도울 수 있는 길을 찾으십시오(예, 일자리 찾기, 가계 계획, 부채 감소 등).
- 경제적으로 큰 도움이 필요한 사람들이 교회에서 제공하는 교육이나 훈련을 통해 새로운 직업을 위한 기술을 개발하도록 돕는 방법을 찾아보십시오.
- 노숙자들에게 음식을 제공하는 사역을 자원해 보십시오.

4) 전염성 질병 = "병자들을 돌본다!"

　① 예수님의 모범
　　"내가 주릴 때에 너희가 먹을 것을 주었고 목마를 때에 마시게 하였고 나그네 되었을 때에 영접하였고 헐벗었을 때에 옷을 입혔고 병들었을 때에 돌보았고 옥에 갇혔을 때에 와서 보았느니라"(마 25:35-36).

　② 당신이 할 수 있는 일
　　- 당신이 알고 있는 사람 중에 아픈 사람이 있다면, 실제적인 도움을 제공해 주십시오. 그 사람의 식사를 준비해 주고, 병원에 갈 때 운전해 주며, 심부름이나 물건 사는 일을 대신해 주고, 자녀들을 돌봐 주며, 격려하는 편지와 전화를 해주십시오.
　　- 당신이 알고 있는 사람 중에 아픈 사람이 있다면, 그와 함께 기도하십시오. 치료 받고, 힘을 얻으며, 편안한 마음을 갖도록 기도하십시오.
　　- 그 사람을 계속해서 돌보아 줌으로써 진정한 사랑의 관심을 나타내십시오.
　　- 병원에 입원한 사람이 있다면 어떻게 도울 수 있는지를 알아보고 실천하십시오.
　　- 양로원이나 집에 갇혀 지내는 노인들을 방문하고, 격리되고 소외된 사람들을 돌보십시오.

5) 문맹 = "다음 세대를 교육한다!"

　① 예수님의 모범
　　"안식일이 되어 회당에서 가르치시니 많은 사람이 듣고 놀라 이르되 이 사람이 어디서 이런 것을 얻었느냐 이 사람이 받은 지혜와 그 손으로 이루어지는 이런 권능이 어찌됨이냐"(막 6:2).

② 당신이 할 수 있는 일
- 당신이 멘토 역할을 해줄 수 있는 당신보다 나이가 어리며 인격적 관계를 세워 나갈 수 있는 사람을 찾으십시오.
- 당신의 주위 사람들 가운데 나쁜 선택을 했거나 교육의 기회를 놓쳐 힘든 상황 가운데 살아가고 있는 사람들을 격려하십시오.
- 그들을 개인적으로 가르쳐 주거나 계속해서 배울 수 있는 기회를 얻도록 이끌어 주십시오.
- 만약 교회나 주변에 있는 복지관 등에서 무료로 한글을 가르쳐주는 과정이 있다면 그곳으로 인도해 주십시오.
- 중독이나 학대로 힘들어하는 사람들이나 후원그룹을 필요로 하는 사람들이 교회가 진행하는 "회복 축제" 프로그램에 참여하도록 도와주십시오.

지금까지 여러분들이 개인적으로 감당할 수 있는 피스사역에 대해서 아이디어를 제공하고 피스사역의 전반적인 설명과 예수님의 모범을 살펴보았습니다. 이제 여러분들이 개인적으로 감당할 수 있는 사역을 정해서 실천에 옮기는 일이 남았습니다.

새들백 이야기 : 여권(Passport)

새들백 교회는 성도들이 피스사역에 참가한 여정을 개인적으로 기록할 수 있도록 도구를 만들었다. 그것이 바로 여권(Passport)이다. 인생 여권인 것이다. 그 안에는 사진, 이름, 주소, 이메일, 전화번호, 하나님의 날인 증서가 들어 있다. 내용은 이렇다.

'저는 제 나머지 생애를 다른 사람에게 복음을 전하는 메신저로 살 것입니다. 하나님이 나를 어디로 인도하든지, 얼마의 비용이 들든지 간에 나의 시간, 능력, 재정을 하나님 나라를 위해 사용할 것을 약속합니다.'

그리고 릭 워렌 목사의 메시지와 21세기 새들백 교회 주제 성경 구절이 전달된다. 새들백 교회는 여권 지참자가 어느 행사에 참여

했고 그들이 어디에 있었는지를 여권에 기록한다. 고아원에 가거나 프로젝트를 도운 일들도 모두 기록된다.

그들이 자녀와 함께 참여하도록 한다. 자녀가 생애 최초로 프로젝트를 수행하고 여권에 하나님의 도장을 받는다고 상상을 해 보라. 자녀들은 외국의 여러 나라에 다양한 사역에 참여할 수 있다. 그러면 많은 도장을 수집할 것이다. 나중에 그가 자라서 하나님을 위한 현장 선교사의 생애를 되돌아 볼 수 있을 것이다. 얼마나 멋진 영적 유산인가? 일기보다 더 소중할 것이다. 이것은 영원한 일기다.

요약

사명 실행을 위한 나의 지도(M.A.P)

M.A.P.은 'My Mission Understood', 'Able to communicate God's Story in my life', 'Plan to live On-Mission through the P.E.A.C.E. Plan'의 앞 글자를 따서 만든 것입니다. 각각의 내용은 86-89페이지에 설명되어 있습니다. 401과정의 간단한 요약이자 지침입니다.

401과정의 한 가지 목표는 "하나님께서 현재 세상에서 펼치고 계시는 일에 비추어" 당신이 당신의 독특한 개인적 인생 사명을 이해할 수 있도록 돕는 것입니다. 당신이 당신의 인생 사명을 분명하게 이해하는 실제적 방법은 글로 써보는 것입니다. 개인적인 사명을 글로 쓸 때 종종 모호했던 생각이 변화되어 인생에 방향과 목적을 주며 삶을 변화시켜주는 강력한 힘을 주게 됩니다.

사람들은 대부분 개인적인 "인생 사명서"(Life Mission Statement)를 작성하지 않는 것 같습니다. 그런데, 개인적인 "인생 사명서"가 주는 유익은 그것이 미래를 향한 영적 성숙의 안내자가 될 수 있다는 것입니다. 당신이 80세가 되었을 때, 되고 싶은 사람이 되어 있을 수 있도록 지금 구체적인 계획을 세우지 않는다면 그 꿈은 이뤄지지 않을 것입니다. 분명하게 이해된 사명이 없다면 사람들은 대부분 환경에 반응하는 삶을 살게 되고 환경을 주도하며 살지 못하게 됩니다.

누구에게나 가장 잘 만들어진 개인적인 "인생 사명서"를 망쳐버릴 잘못된 습관이 있습니다. 만일 당신이 개인적인 "인생 사명서" 내용에서 몇 가지 혹은 많은 조정을 해야 한다 하더라도 낙심하지 마세요. 하나님께서는 당신 안에서 일하고 계시며, 당신이 하나님의 선한 목적을 따라 살아가며 행하게 하실 수 있음을 믿으십시오. 하나님께서는 자신의 종에게 일을 시작하도록 확신을 주는 것보다 이미 일을 시작한 종을 지도하는 것을 더 쉬워하십니다.

"사람이 마음으로 자기의 길을 계획할지라도 그의 걸음을 인도하시는 이는 여호와시니라"(잠 16:9).

1. 당신의 사명을 이해했습니다(My Mission Understood).

당신의 인생 사명을 이해하는 효과적인 방법은 그것을 글로 써보는 것입니다.

(하나님에게서 영감 받은 개인적인 "인생 사명서"를 효과적으로 작성하는 방법들을 알기 원한다면 "부록 B"에 수록되어 있는 "인생 사명서의 작성과 실행을 위한 안내"를 참고하세요.)

아래에 소개된 두 가지 개인적 인생 사명서는 하나님께서 당신에게 주시는 인생 사명을 발견할 수 있도록 도와줄 것입니다.

"나의 인생의 초점은 나의 시대에 하나님의 목적들을 섬기며 이를 통해 내가 가는 곳마다 그리스도의 나라가 더욱 견고하게 세워지는 것에 있다. 사람들을 대할 때 나는 그들을 위한 희망, 격려, 감격, 교제, 그리고 섬김의 자원이 되기 원한다. 나는 한 남자로서 나의 영성이 날마다 성장하여 그리스도께서 거하시는 곳이 되며 주님 앞에서 지혜와 성결의 근원이 되도록 힘쓴다." _ 고든 맥도날드(Gordon MacDonald)

"하나님을 사랑하며 그가 말씀하시는 것을 실천한다."
― 스티브 더글라스(Dr. Steve Douglass)

2. 하나님께서 당신에게 허락하신 삶의 간증을 나눌 수 있습니다 (Able to communicate God's Story in my life).

401과정의 두 번째 시간에 당신에게 기쁜 소식을 묻는 누군가에게 그것을 전하는 면에 있어서 어느 정도 확신을 가지고 있는지 진단해 보았습니다. 401과정을 마치는 지금, 동일한 질문을 가지고 당신 자신을 어떻게 평가할 수 있겠습니까?

```
|                                                           |
1    2    3    4    5    6    7    8    9    10
불안하다            적당하다              확실하다
```

당신은 앞으로 한두 단계를 더 높이기 위해 어떤 조치를 취할 수 있겠습니까?
1) _____
2) _____
3) _____

3. 피스사역을 통해 사명을 실천하며 살도록 계획하십시오(Plan to live On-Mission through the P.E.A.C.E. Plan).

1) 당신의 나머지 인생을 무엇을 위해 살려 하십니까?

"내가 달려갈 길과 주 예수께 받은 사명 곧 하나님의 은혜의 복음을 증언하는 일을 마치려 함에는 나의 생명조차 조금도 귀한 것으로 여기지 아니하노라"(행 20:24).

"너희는 자신을 위해 세상 재물로 친구를 사귀라. 그러면 그것이 없어질 때 그들이 너희를 영원한 집으로 맞아들일 것이다"(눅 16:9, 현대).

"오직 너희를 위하여 보물을 하늘에 쌓아 두라 거기는 좀이나 동록이 해하지 못하며 도둑이 구멍을 뚫지도 못하고 도둑질도 못하느니라 네 보물 있는 그곳에는 네 마음도 있느니라"(마 6:20-21).

2) 당신 때문에 하늘나라에 있게 될 그 누군가가 있습니까?

3) 인생에서 가장 훌륭한 투자는 "사람들이 하나님과 연결되게 하는 것"입니다.

> **인도자를 위한 팁**
>
> 서약은 〈목적이 이끄는 양육〉의 가장 중요한 부분이다. 우리는 각 과정이 끝날 때마다 성도들에게 서약을 하도록 이끌었다. 왜 그렇게 해야 할까? 다음 사항 때문이다.
> - 우리는 헌신한 만큼 살아가게 된다.
> - 모든 교회는 교회가 헌신하는 바에 의해서 규정된다.
> - 사람들은 자신들이 중요하다고 생각하는 것에 헌신한다.
> - 만약 교회가 성도들에게 헌신을 요구하지 않는다면, 다른 것들(사회단체, 봉사단체, 정치 단체 등)이 요구할 것이다.
> - 당신이 요구하는 헌신이 클수록, 당신이 얻게 되는 반응은 커질 것이다.
>
> 우리가 101과정("나의 영적 가족")에서 교인이 되기로 서약했고

> 201과정("나의 영적 성숙")에서는 영적 성숙을 위해 서약했다. 301과정("나의 형상 발견")에서는 "사역 서약"을 했다. 이제는 "나의 인생 사명 서약"을 하는 시간이다.
> 우선 다음 서약 내용을 다시 읽어 보라. "나의 인생 사명 서약"은 우리 교회 사역에 헌신하기를 원하는 사람들을 위한 서약이다. 그러므로 서약을 더욱 신중히 할 수 있도록 지도하라.

|기도|

하나님 아버지, 이 사람들로 인해 감사드립니다. 그들을 너무나 사랑합니다. 제가 이렇게 아름다운 사람들의 목사로, 이 교회의 목사로 적합한지 부끄럽습니다. 16~18시간의 훈련시간 동안 이 자리에 함께해 주셔서 감사합니다. 그들의 약속, 소망, 기쁨, 사랑을 보며 아버지께 감사드립니다.

아버지께서 우리를 여기에 모이게 한 이유가 있습니다. 우리가 하나님의 말씀을 보면서, 하나님은 우리가 태어날 장소와 살아야 할 장소를 결정하셨다는 것을 알았습니다. 아버지께서는 우리를 이 교회에 모이게 하셨습니다. 우리를 쓰시기를 원하는 주님, 상상하지 못한 방법으로 우리를 쓰시옵소서. 우리의 삶이 가치 있길 원합니다. 우리의 일생이 의미 있기를 원합니다.

당신의 왕국에 그들이 포함되길 원합니다. 우리는 주위의 가까운 사람들에게 복음의 전령이 되고, 우리가 할 수 있는 모든 방법을 동원해서 이 세상에서 그 메시지를 전하고 싶습니다.

아버지, 저희들이 단기간 봉사하는 것이 당신의 뜻일 수도 있습니다. 혹은 1년, 2년 아니 일생 동안 그 일을 하기를 원하실 수도 있습니다. 아니면 여기에 머물라고 명령하실 수도 있습니다. 저희들이 당신의 뜻에 순종할 수 있는 믿음을 허락해 주시고, 이 모든 일을 부담할 수 있도록 재정적으로도 축복해 주십시오.

우리는 모두 해야 할 일들이 있습니다. 그러나 어느 하나에 구애받지 말고 쓰시길 기도합니다. 당신은 그런 사람을 찾는다고 하셨습니다. 저희를 당신께 드립니다.

저의 기도를 소리 내어 따라하시길 바랍니다.

"남은 저의 생애 동안 다른 사람에게 하나님의 복음을 전달하는 메신저가 될 것을 서원합니다. 그리고 하나님께서 저희를 어느 곳으로 인도하든지, 얼마가 들든지, 하늘나라를 위해 저의 시간, 저의 재능, 저의 재정을 사용할 것을 약속합니다."

저희를 쓰시기 원하는 주님께 모든 것을 드리겠습니다. 예수님의 이름으로 기도합니다. 아멘.

나의 인생 사명 서약

"나는 아래와 같이 나의 나머지 인생을
하나님 나라를 세우는 일에 헌신합니다."

나는 이 헌신이 나를 어디로 이끌어 가든지, 또 어떤 대가를 치르게 하든지 상관없이

1. "하나님의 기쁜 소식을 전하는 사람이 되겠습니다."

2. "나의 간증을 다른 사람들과 나누겠습니다."

3. "피스사역을 통해 인생 사명을 실행하며 살겠습니다."

_____ 년 _____ 월 _____ 일

서약자 : _____

부록 A

개인적인 간증하기

제 1 부 : 당신의 삶에서 간증할 주제를 확인하십시오

그리스도와 함께하기 전의 삶	그리스도와 함께한 이후의 삶
☐ 걱정/불안	내적 평안
☐ 죄책감/수치심	용서
☐ 화/성질	자제, 인내, 사랑
☐ 허무감/목적 상실	목적이 이끄는 삶
☐ 큰 슬픔	마음의 평안과 기쁨
☐ 스트레스/기력 쇠진	삶을 위한 에너지
☐ 낮은 자존심	하나님에게 소중함
☐ 안 좋은 건강	힘차게 솟아나는 체력
☐ 실망	그분의 좋은 계획을 신뢰함
☐ 불안정	확실성과 안전성
☐ 후회	삶에서 누리는 두 번째 기회
☐ 불만족/일 중독	만족과 평안
☐ 두려움	두려움과 맞서 이기는 믿음
☐ 외로움	언제나 나와 함께하시는 하나님
☐ 중독/해로운 버릇	변화할 수 있는 능력
☐ 자기중심	다른 사람들을 위한 사랑
☐ 절망/우울	삶을 위한 희망
☐ 저속한 스릴	실제적이고 지속적인 기쁨

☐ 인생의 권태로움   하나님과 함께하는 대담한
                            계획과 행동
☐ 죽음에 대한 공포   하나님 나라에 대한 믿음
☐ 상실감   성취감
☐ 쓰라림과 원망   나의 과거로부터의 자유
☐ 거절 당한 아픔   하나님의 무조건적 사랑
☐ 결혼 생활에서의 문제들   나의 결혼 생활에서의 긍정적
                            변화들
☐ 경제 생활에서의 문제들   나의 경제 생활에서의 긍정적
                            변화들
☐ 사업 활동에서의 문제들   나의 사업 활동에서의 긍정적
                            변화들

당신의 삶에서 가장 뚜렷한 간증 주제는 무엇입니까?
_____
_____
_____

제 2 부 : 개인 간증을 기록하십시오

1. 그리스도를 만나기 이전의 나의 삶

그리스도를 만나기 이전의 어떤 상황이 불신자들과 공감대를 형성할 수 있습니까? 어떤 인생 자세들이 불신자들과 공감대를 형성할 수 있습니까? 그 당시, 당신에게 가장 중요한 것은 무엇이었습니까? 하나님 대신에 어떤 것들을 통해 삶의 의미를 찾으려고 했습니까?(스포츠, 건강관리, 직장에서의 성공, 결혼, 성, 돈 버는 것, 마약이나 술, 오락, 인기, 취미 등)

_____
_____
_____
_____
_____
_____

2. 그리스도가 필요하다고 느끼게 된 동기

어떤 중요한 단계들이 여러분으로 하여금 예수님을 믿도록 결심하게 했습니까? 하나님을 의지하지 않고 사는 당신의 삶에 대해 어떤 필요, 상처 혹은 문제들이 불만을 갖게 했습니까? 어떻게 해서 당신은 하나님께 주목하게 되었습니까? 특별한 동기가 있었습니까?

_____
_____
_____
_____
_____
_____

3. 그리스도께 내 삶을 헌신한 동기

구체적으로 어떤 특별한 사건이 있었습니까? 어디에서 그런 일이 일어났습니까? 그때 당신은 어떻게 기도드렸습니까? 구체적으로 말해 보십시오.

_____
_____
_____
_____
_____
_____
_____

4. 그리스도께서 내 인생에 주신 변화

당신은 어떤 유익을 얻었습니까? 어떤 문제들이 해결되었습니까? 예수님께서는 당신이 변화되도록 어떤 도움을 주셨습니까? 당신의 이런 변화가 인간관계에 어떤 도움을 주었습니까? 가장 최근의 실례를 들어 설명해 보십시오.

_____
_____
_____
_____
_____
_____
_____

이름 : _____ 이메일 : _____ 전화 : _____

☐ 나는 예배에서 이 간증을 나눌 수 있습니다.

부록 B

인생 사명서의 작성과 실행을 위한 안내

1. 조용한 시간을 내십시오.
한 주간의 삶 가운데서 시간을 구별해 어디론가 떠나십시오. 그리고 주님과 연결되도록 하는 일을 하십시오.

2. 수집하십시오.
파란 하늘을 바라보며 생각에 잠긴 가운데 영감을 얻도록 하세요. 당신이 중요하다고 여기는 모든 것, 그야말로 모든 것을 기록하세요. 평가하지 말고 그저 생각나는 대로 기록하세요. 이 시간은 기록한 것을 가지고 분석하거나 문법과 철자법을 확인하는 시간이 아닙니다. 이때 "하나님의 사명 실행"이 당신의 모든 삶의 중심이 되게 하세요(예를 들면, 가족, 경력, 친구, 관계, 핵심 가치, 꿈 그리고 목표).

3. 조직하십시오.
무작위로 기록한 생각들을 여러 영역으로 분류해 보세요. 어떤 것들이 당신의 개인적 인생 사명서에 포함되어야 할지를 결정하세요. 삶 속에서 당신에게 중요한 여러 가치와 비전을 찾으세요. 이 과정을 통해서 진정으로 중요한 것에 초점을 맞출 수 있습니다.

4. 포함하십시오.
위의 여러 목표들이 실현되게 하는 전체 목표와 진행 과정 혹은 방법들을 포함해서 생각하십시오.

5. 유익을 나열하십시오.
성공적으로 "인생 사명"을 이룰 때 당신과 다른 사람들이 경험하게 될 유익을 기록해 보십시오. 이렇게 기록으로 남긴 리스트는 개인적으로 동기를 부여해 주는 자료가 되며, 당신이 사명을 지속적으로 실행하며 살도록 이끌어 줍니다.

6. 기록하십시오.
당신에게 의미 있는 인생 사명서를 기록으로 남기십시오. 당신은 한 문장으로 설명된 인생 사명을 기록할 수도 있고, 삶의 여러 면으로 항목을 구분해 쓸 수도 있습니다.

7. 전시하십시오.
당신이 계속해서 볼 수 있는 중요한 곳에 당신의 인생 사명서를 붙여 두세요.

8. 시작하십시오.
당신의 개인적인 인생 사명서를 토대로 살아가십시오.

9. 검토하십시오.
당신의 개인적 인생 사명서를 다시 살펴보고 당신 자신을 평가하십시오. 당신이 어떻게 발전해 가고 있는지 확인하십시오.

10. 수정하십시오.
당신이 자라면서 활동영역 넓어지듯이, 당신의 인생 사명도 그렇게 변화될 수 있도록 하세요.

인생 사명서의 작성과 실행에서 종종 일어나는 문제들

1. **너무 급하게 작성됩니다.**
개인적인 인생 사명서의 개발은 시간을 가지고 이루어야 하는 과정이지 이벤트가 아닙니다.

2. **너무 쉽게 검토됩니다.**
먼저 당신의 사명대로 살아보고 자신을 검토해 보십시오. 그 후에, 사명을 실행하는 것이 분명해지고 성공하게 되면 점진적으로 다른 사람들과 나누십시오.

3. **너무 쉽게 잊혀집니다.**
이렇게 되면, 개인적인 인생 사명서는 변화를 주는 힘을 잃게 됩니다.

릭 워렌의 목적이 이끄는 양육

인도자용 지침서

101과정 〈참여 : 나의 영적 가족〉 4장
참가자용 67쪽 2,500원 | 인도자용 168쪽 8,500원

201과정 〈성장 : 나의 영적 성숙〉 3장
참가자용 67쪽 2,500원 | 인도자용 172쪽 8,500원

301과정 〈사역 : 나의 형상 발견〉 4장
참가자용 91쪽 3,500원 | 인도자용 184쪽 8,500원

401과정 〈사명 : 나의 인생 사명〉 3장
참가자용 99쪽 3,500원 | 인도자용 184쪽 8,500원

"강력한 헌신이 강력한 영적 변화를 일으킨다!"

- 새들백 교회의 강의를 녹취하여 만든 〈강의노트〉를 공개한다.
- 인도자를 위한 알찬 팁과 꼭 필요한 조언이 곳곳에 배치되어 있다.
- 인도자용에는 참가자용 교재 내용이 함께 실려 있어 사용하기 간편하다.

THE PURPOSE DRIVEN®
Curriculum

국제제자훈련원 www.discipleN.com | www.sarangM.com